思想觀念的帶動者

文化現象的觀察者

本土經驗的整理者

生命故事的關懷者

*Holistic*

探索身體，追求智性，呼喊靈性

攀向更高遠的意義與價值

是幸福，是恩典，更是內在心靈的基本需求

企求穿越回歸眞我的旅程

# 愛與和解

## Love and Reconciliation

華人家庭的系統排列故事（全新增訂版）

[周鼎文作品集]

周鼎文 著

推薦序 1

# 貼近東方智慧，直指解決之道

伯特・海寧格（Bert Hellinger）／系統排列發展者

鼎文完成了一本關於系統排列洞見與應用的著作，事實上我在多年前就鼓勵他要寫這本書，現在我很高興這本書出版了，我非常確信這本書將帶給讀者們顯著的幫助。

這是一本很有特色的書，我在兩天內一口氣就把它讀完，它是如此接近眞實，沒有多餘的贅字。所有一切都立刻直指解決之道，並貼近東方的智慧。此外，它還是一本愛的書，一本能促進和平的書。因爲它根植於大地，並指向未來。

鼎文是把系統排列傳播給廣大群衆的先驅，是結合系統排列與中華文化智慧的開創者。因此，我衷心推薦這本書，我確信這本書在圓滿人生與成就事業的路上將幫助讀者們解決許多困難。

推薦序 2

# 面對關係，要帶著愛尋求和解

夏惠汶／開平餐飲學校暨關係動力學院創辦人

過去三十幾年來，我在教學現場處理過大量的親師生關係困境，也因此發現處理關係與對話的重要性，有品質的對話才能帶來好的關係，處在關係中的人才會開心。然而，很多時候，人與人之間若未透過深度學習有品質的對話，彼此間往往語言越多就講得越不清楚、越溝通就越不通，而系統排列是一種不需要語言就可用來幫助人處理關係困境的良好工具。

本書透過綿密的鋪陳、細緻的解析，深入淺出地描述關係中牽連糾葛、轉折迴向的奧祕，對想在關係中帶著愛尋求和解的夥伴們，一定很有助益；此外，我們也從本書中看見「與道同行」的示範與創新詮釋，可謂自成一家之言。

沒有人出生就懂一切，我們都是透過不斷地模仿與學習來了解，但想要穿越師承，需要更多的體會、反思及沉澱，最後貫通爲智慧。所謂「迷時師渡，悟時自渡」，老禪師們無不鼓勵弟子開枝散葉自立門戶，廣佈離苦得樂的要旨，成爲一代宗師；而鼎文師承海寧格，但他穿越師承，細膩地詮釋與解析在關係中的隱微動力如何牽引著人們的外顯行爲，這不僅是對恩師是最好的回饋，也爲當今速食文化充斥的社會環境帶來深刻的反思。

很高興這本書能夠受到大衆歡迎並推出全新增訂版，鼎文師有著深厚的中國文化底蘊，經過這麼多年，相信他將更多中華文化融入系統排列中，使其脫胎換骨，變得更加豐厚與升華，也祝福所有願意閱讀本書的讀者，能運用系統排列來改善關係，找到和解之道，讓愛流動，讓家庭社會安寧祥和！

新版序

# 學會「如何愛」，活出成熟的人生

1997 年，我遇到了德國系統排列發展者伯特．海寧格先生，我的人生發生了巨大的改變——我的工作從一位單純治療人身體的醫生，變成一位支持人們成長的系統排列導師。

通過成千上萬的個案經驗，讓我有機會看到不同家族文化中的珍貴與盲點，讓我有能力幫助人們傳承並發揚家族的優點，同時支持人們從盲目的制約中解脫出來，進而活出一種更成熟綻放的生命。

我觀察到人們若要眞正解決生命中所發生的種種問題，我們就要學會「如何愛」，因爲製造問題的力量和解決問題的力量是共同運作的，而且兩者都隱藏在愛的後面，只是方向不同而已。而系統排列就是在幫我們去找到「愛在哪裡」，幫我們學會「如何愛」。當找到「愛在哪裡」，就能找到問題的解決之道；當學會「如何愛」，我們就能改變命運。

經過三十多年海寧格老師及世界各國系統排列導師們的努力，系統排列超越了種族文化的界線而被全球廣泛接受。尤其在華人世界更受到推崇，因爲它融合東西文化的精髓，且又切中人性心靈的深處，更重要的是它展現著天地大道運行的力量。如同海寧格老師在 2014 年國際年會上曾這樣總結：「當在進行系統排列的工作時，背後連結的是一個偉大的智慧老人：老子。系統排列無求，無知，無欲。在排列中發生的事情來自另一個空間緯度，來自生生不息的力量。」

雖然在熟悉系統排列的人群裡，這門學問已經有三十個國家以上的專業人士在運用，但還有廣大的民衆對系排列很陌生，因此我希望將目前最先進、最盛行的心理學——系統排列，用平易近人的方式介紹給你們，並鼓勵你們從不同角度來領悟生命的法則，重新檢視自己的生活、家人關係與家族文化，進而爲自己的人生帶來改變。

這本書是第一本系統排列的中文暢銷書，通過這本書已經激發了數萬人面對困難的勇氣，進一步探索自己的家族系統，開啓了對愛的重新領悟，學習與生命法則和諧一致的智慧，朝向實現更圓滿的人生。而如果有更多人學會這些生命的法則，我相信我們的同理心、慈悲心就會升起，這個世界就能減少一些無謂的衝突和悲劇，朝向更成熟、更有覺知的方向發展。

感謝海寧格老師的教導，也感謝所有參與的人。這本書作者雖然掛著我的名字，但事實上是許許多多家庭用血淚、甚至是生命所寫成的，我從他們身上學到很多，我眞的很感謝他們。

這是一本愛的書，不會因種族或文化有所隔閡，因爲書中每個故事所傳達的都是愛，希望你能將這本書分享給更多的人，爲這個世界帶來更多的愛與和解。

因爲我們都知道：

愛是生命共同的語言，和解是靈魂深處的渴望，
愛與和解是每個家庭社會共同的期盼。
只要你願意，愛與和解每刻都能發生。

祝願這本書能打開你心中愛與和解之門，
幫助你學會智慧覺醒的愛，陪伴你　回家。

周鼎文

CONTENTS
# 目錄

## CHAPTER 2 兩性關係

CONTENTS 目錄



## CHAPTER 3 父母關係



## CHAPTER 4 親子關係

CONTENTS 目錄

獻給我的恩師伯特・海寧格

感謝他引領無數人學習系統排列

領悟生命與愛的法則

勇敢邁向幸福成功的人生

前言

# 關係法則的奧秘

要如何愛？如何能幸福成功？

是否有什麼法則可以依循？

這就是本書探討的主題——「關係法則」。

你知道什麼是「關係法則」嗎？

「關係法則」就是「愛的法則」、「幸福成功的法則」，也就是「生命的法則」。

然而，奧祕的法則常隱而不顯，往往只有覺醒的智者能夠有所領悟，或是飽受煎苦的人們在最後發出感慨，但也有太多想要幸福的人因爲違背關係法則導致失敗，許多遭遇挫折的人卻因爲重新領悟它而扭轉命運。本書所介紹的「關係法則」是盛行國際的心理學模式「系統排列」之核心內涵，是站在許多巨人肩膀上的智慧結晶，也是透過數萬個家庭、數萬人的生命血淚所獲得的寶貴經驗。

本書特別針對我們最親近的家庭關係做詳細探討，包含兩性夫妻、父母親子、手足親人以及身心關係的常見議題；書中的實例（除爲了保密身分略做修改外）都是參加課程者的眞人眞事，更是你我生活裡熟悉的故事，是以不妨在閱讀時敞開心與之共鳴；另外，本書也設計了一些簡單卻深刻、有效的練習，非常適合在生活上操作運用。本書所敘述的內容已在全世界幫助過無數家庭，如果我們能用心領悟這些法則並加以活用，同時秉持信心朝向愛，相信生命將會爲我們開啓另一扇通往幸福成功的大門！

在此，我要感謝我的父母給我生命、妻子和家人給我支持、老師們給我的指導，你們讓我體會到最自然有序的愛；感謝所有個案的家庭，你們的勇氣令我深深地敬佩；感謝吳慧玲幫忙整理故事；感謝心靈工坊所有工作人員的辛勞。能讓更多人讀到這本書便是一種愛，而我們的愛將伴隨著這本書：

願求助者得以幫助

願專業者得以提昇

願追求者得以醒悟

願世世代代子孫得以受益

概論

# 常見的華人家族動力

幸福是靈魂的成就。

——系統排列發展者 伯特・海寧格（Bert Hellinger）

首先我用幾個觀念來介紹常見的華人家族動力，尤其與西方家庭較爲差異的部分。

## 家和萬事興

「家和萬事興」這句俚語沒有一個華人不知道，意思是——家庭和諧所有事都會興旺的。但在這背後沒說的是，爲了家庭的和諧，華人常會被要求壓抑情緒，忍辱負重，有時候這種和諧可能只是表面的和諧，目的就是爲了讓這個家生存下來。這樣的文化特點影響了華人能生存至今數千年，但同時卻也減少了每個人的獨特性，個人色彩的表現，進而壓抑了創意。因此曾有人戲稱中國人可以輕易複製幾萬隻蘋果手機，卻難以製造一位賈伯斯。

然而，如果更進一步探索這種維繫表面和諧更深層的原因，我們就會發現華人對家族有強烈的歸屬感需求，就一個華人來講，一旦被逐出家門，那是對他／她最大的懲罰，也是令其感到最羞恥的事情，甚至可能會引發他的生存恐懼。因此對家族的高度忠誠，爲了家庭而壓抑個人情緒，以及家人間缺乏深層的溝通，這些現象在一般華人家族比西方的家庭尤其普遍。

## 百善孝為先

「百善孝爲先」也是大家熟悉的俚語，意思是所有的善事、所有善的品德，都是從「孝」開始。

「孝」是華人對父母的愛的方式，是一種尊敬且順從的愛，其中已包含了「序位」（orders）的觀念，我們可以從華人用不同的文字來表達對不同家人的愛即可看到。不同於許多西方家庭對不同家人的愛基本上都用一個字「love」，華人家庭的孩子對父母的愛叫「孝順」，父母對孩子的愛叫「慈愛」，兄姐對弟妹是「友善」，弟妹對兄姐是「恭敬」。由此可見，在華人家庭文化中早已存在「愛的序位」觀念（orders of love）。

我想這也是系統排列心理學能在華人世界盛行的一大原因，因爲它強調「愛的序位」。而這也呼應了偉大聖人孔子在兩千年前就爲華人社會的人際關係做了總結，他稱之爲「五倫」——父子有親，君臣有義，夫婦有別，長幼有序，朋友有信。並強調這五倫是做人的根本。

然而有許多華人對於愛的序位並沒有瞭解透徹，讓這項「孝順」的優點成爲了其限制，例如：

1. 許多人結婚之後，會夾在原生家庭與現在家庭中間，尤其是男性，爲了傳統的孝順觀念，可能會優先照顧自己的父母而忽略了現在的家庭，造成常見的「婆媳問題」——先生的媽媽與太太之間相處不愉快，意見不合，並隱藏著權力鬥爭，甚至有些夫妻會因此而離婚。

2. 因爲華人家庭過去太強調序位，因而失去愛的親密流動，例如七〇年代以前出生的孩子，父母和孩子間就很少有身體的接觸及擁抱，甚至「我愛你」這三個字在早些年代也難以在親子間傳達，但這並非彼此沒有愛，而是大部份都是在生活中默默去做，較少表達口語及肢體的愛，因此親子間容易發生誤解或認爲對方不愛自己。
3. 「孝順」是華人最根本的道德核心，但是有許多人卻是「愚孝」——犧牲自己或自己的幸福來愛父母、孝順父母，這是我在華人家庭的系統排列中常見到的例子。這是現代華人對「孝順」的最大誤區，中國最重要的關於孝順的經典《孝經》，在開宗明義即闡述：「身體髮膚，受之父母，不可毀傷，孝之始也。」即在說明孝順父母的第一件事就是要愛自己，愛自己的身心。許多華人沒有眞正學懂，反而盲目地跟隨父母不幸的命運，這也是「系統排列」心理學創始人海寧格先生常說的「盲目的愛」（blind love）。

那麼，對於原生家庭的愛以及對現在家庭的愛該如何調適？基於上述華人家庭對「序位」及「孝」的重視，並結合了西方系統排列心理學的數萬個家庭個案的觀察洞見，許多來到我的課程的學員都找到了很好的解決之道——首先一個人要先學會愛自己，並在結婚之後優先照顧好自己成立的家，然後當父母年老時好好照顧父母，孝順父母，就如同我們的父母對我們所做的一樣，如果每一代都這樣做，那麼生命就能得到很好的傳承，而愛也就能一代代順利流動下去。

## 重男輕女

「重男輕女」是華人家庭數千年的觀念，其他國家或地區當然也有類似的情況，但可能沒有我們華人這麼嚴重。我曾在北京等城市指導系統排列的課程中遇到一些個案，因爲家裡貧窮把自己的孩子賣掉，而被賣掉的幾乎都是女嬰，男嬰會被留下來。還有一些夫妻不斷生孩子，爲的只是要生一個男孩。最嚴重的是，我曾有幾個個案家族裡還出現把自己前面生下的女孩殺掉、悶死、淹死……只爲了要生男孩。爲了這種「傳宗接代」的觀念，中國不知有多少女嬰及父母都付出了極慘痛的代價，而這是中國社會迫切需要面對的事。

## 夫妻失衡

重男輕女的觀念也嚴重影響了華人的婚姻，在過去中國有句俗語叫「嫁出去的女兒像潑出去的水」，雖然現在社會男女已經朝向較平衡方向發展，但是這樣的觀念仍存在華人家庭的集體潛意識裡。

比如說，華人結婚後女方要孝順男方的父母甚至更勝過自己的父母，因爲在華人觀念裡，女方是「嫁入」夫家，跟隨夫家爲主，並自然被要求叫先生的父母「爸爸、媽媽」，並且要孝順先生的父母；同時，太太對外稱先生的父母時是叫「公公、婆婆」，可見這個稱呼方式是跟著孩子的輩份一起叫的，一直到現在仍保持如此，從這一點你就明顯可以感到夫妻的失衡。而且太太的父母也會要求自己的女兒嫁出去之後要「孝順公婆」。

另一方面，先生這邊則是「娶進」太太，先生對女方的父母也是叫「爸媽」，但不像女方要那麼頻繁的「孝順」父母，比較是一些「尊敬」。對男方的原生家庭而言則是娶進了「媳婦」，媳婦便要來孝順先生家的父母。因此嫁出去的女兒便減少了對原生家庭父母孝順的機會，因爲這個工作有可能被「嫂嫂」或「弟媳」取代了。由此可見，華人家庭是一個以父系爲主的家庭文化。

如同世界許多地方，如果夫妻間能找到平衡的相處方式，父系社會對人類的生存便能發揮其重要價值。在過去，中國傳統文化強調華人夫妻關係是「夫唱婦隨」、「夫義婦從」，但是我看到現代許多華人家庭只做到了一半：那就是先生要太太「跟從」，自己卻未能先有「義」；或者太太要先生有「義」，自己卻不願跟隨，因而產生了許多夫妻問題。而系統排列發展者海寧格的獨到見解，反而與中國傳統的智慧相呼應，他說：「女人跟隨男人，男人要服務女人。」因此關鍵在於「平衡」。

## 祖先祭拜

華人家庭認爲人死後仍會影響後代，我們稱爲「祖先庇佑」或「祖德流芳」。所以華人家庭特別重視祭拜祖先，透過祭拜的儀式表達了我們對祖先的尊重與懷念。許多地方每年的大節日都要準備食物放在「神祖牌」前，點上幾根香，心中祈請祖先享用食物，並藉此儀式祈禱，祈求過往的祖先能好好安息，或稟告祖先家中近況，請他們不用擔心，亦或是祈求祖先的祝福，保佑全家大小平安健康、事業順利、家庭和諧。

只是有些家庭把這些儀式變成一種形式，沒有眞正用心，那眞的很可惜；還有某些家庭成員往往被忽略或被排除，例如，夭折或被送走的孩子常被遺忘，離婚的女性也可能被忽略。因此，熟悉系統排列的朋友會發現，其實華人祭拜祖先的儀式，也像在系統排列中與過世親人「和解」的一種較溫和的方式。然而在系統排列導師的引導下，更可以幫助我們用更完整的系統觀念與眞誠的情感，表達我們對祖先與家人們的愛與尊重。

除上述常見的動力外，還有其他許多動力會在本書中提到，然而所有這一切動力都在喚醒我們要學會成熟的愛、覺醒的愛，哪怕是壓抑的情緒、失序的家庭、重男輕女、失衡的夫妻關係，或是夭折的孩子、被殺死的女嬰，以及離婚的女性，甚至所有那些被遺忘、被排除的家族成員，如果每個人都能在我們心中重新有一個位置，重新被愛、被承認、被尊重，讓家族中每個人各歸其位，各負其責，讓愛流動。那麼，家族的力量將不再是一種牽絆，反而能轉化成我們背後巨人的支持力量，支持我們圓滿人生的理想。要如何辦到？這正是這本書所要談的主題。

CHAPTER 1

# 關係的深層奧祕

人際關係如果不夠深刻，彼此無法充分了解、相互扶持，你的修行也不可能有多大的進展。缺少了這個基礎而只是一味地追求開悟，修行便成了一種逃避關係的方式。

——印度哲學家 克里希那穆提（J. Krishnamurti）

## 透過關係成長

關係是最佳的道場，也是最嚴格的試煉。

關係，帶給我們學習成長、幸福快樂，但也讓我們挫折失望、痛不欲生。然而，一個逃避關係而生活的人，他的生命一定會變得侷限單調，因為生命不只會變老，它還必須成長，而「關係」會帶來最強烈、最跳躍式的成長，同時也帶來最嚴格的挑戰。

我深深同意英國詩人約翰．敦（JohnDonne）的名言：「沒有人是一座孤島。」我們每個人都生活在關係裡，每個人都希望能夠有好的關係，例如好的夫妻關係、親子關係、朋友關係、人際關係等，尤其是對越親近的家人，我們更希望彼此的關係良好，幸福快樂是每個人的渴望。

奇怪的是，人人都想要幸福快樂，而且努力想要幸福快樂，可是卻不是人人都做得到，問題究竟是出在哪裡？甚至，有時候努力反而帶來反效果，越努力反而製造越多的痛苦，於是我們常常聽到：「我這麼愛他，為什麼他還是這樣？」、「我這麼努力了，但是她卻這樣對待我！」、「我哪裡做錯呢？到底問題出在哪裡？」

因此，光有愛是不夠的，只有努力是不夠的，我們要用對方式來愛，我們要學習愛的智慧，要了解關係的深層奧祕。

教育孩子喜歡學習的奧祕是什麼？
良好的親子關係。
能快樂享有金錢的最大關鍵是什麼？
與母親關係良好，能尊重並孝順父母。
建立成功婚姻最重要的基礎是什麼？
尊重彼此的父母與家族。

如果你知道上述的答案，恭喜你，你已經開始體會到關係的奧祕，本書將支持你加深這些體會，更具信心地幫助自己與他人創造美好的未來；如果你沒有體會到上述的答案，那麼本書將爲你打開另一扇窗，支持你朝向幸福快樂之路。

人與人的關係除了表面互動外，還受更深層的心理力量影響，但我們很容易只看到表面行爲，陷在問題的表象裡，如同只看到冰山的一角，而沒有看到深層關係的實相，所以很容易就會愛錯方式、走錯方向，造成彼此的不快樂，關係的失和破裂，甚至家庭的痛苦悲劇。那麼，我們是否有辦法了解家人間深層的關係？是否有辦法了解孩子心裡的感受？是否有辦法了解夫妻間的深層信息？許多莫名的情緒和行為，我們是否能知道它背後在說什麼？

答案是可以的，這門研究人類深層關係的心理學，正是「系統排列」。

## 了解系統排列

### 什麼是「系統」

我們每個人都在系統裡。首先，我們要了解到底什麼是「系統」？

小至我們的身體系統、家庭系統，大至生態系統、國家系統，甚至宇宙太陽系系統，都是由系統所組成，我們每個人都在系統裡。簡單來說，系統就是好幾個個體的總和，但是這個新整體卻比各個部分個體的總和還要多，而多的是什麼呢？就是這些個體之間的相互關連，這些個體間的「關係」。

這些個體相互關連並成為一個有機的整體，彼此間以某種方式相互交流、相互影響著，於是其中一個個體改變，其他的個體也會隨之改變，因此一個活的系統就像一個活的人一樣。

以我們的身體系統為例，它比各個部分、器官、組織加總起來還多，它能呼吸、它能動，每個細胞、組織間相互交流、相互影響著，如果一個人的心臟不好，就會影響全身的血液循環；如果有一隻腳受傷，不僅走路時會影響其他的手腳，甚至還會影響脊椎姿勢，進而影響整個身體系統。

比如家庭系統是由父母與孩子所形成，當父母吵架時，若母親受到委屈，對父親感到憤怒，但她表面上沒有表現出來，反而把憤怒壓抑下來，此時孩子會莫名地對父親感到憤怒，即使他沒有親眼看到他們吵架，因為孩子承擔了母親的憤怒，因此對父親不尊重、甚至不想上學。這就是系統！父母與孩子形成了一個系統，這個系統受到隱藏在家庭裡的系統動力所影響，但是這對夫妻前來諮詢的原因，卻是因為孩子不想上學，他們把所有焦點都放在孩子逃課及憤怒的行為上，結果花了許多時間與精力卻改變有限，因為他們沒有覺察到隱藏在背後的系統動力，沒有面對夫妻間衝突的事實。

因此，不管是什麼系統，只要是活的系統，系統中的每位成員都參與整體系統的建構過程和所有重要事件。

但是我要問，系統裡的這些成員彼此間是如何運作的？

它的運作方式是潛意識的。

自心理學家佛洛伊德開始，人們已普遍接受潛意識對我們的行爲有著極大的影響，但是潛意識到底在哪裡呢？奧地利著名心理學家及哲學家馬汀·布伯（Martin Buber）的影響遍及整個人文學科，特別是社會心理學與社會哲學，他一語道破潛意識在哪裡：「潛意識並非存在於個體心裡，而是存在於個體之間。」

是的，潛意識不屬於任何個體，更準確地說，它存在於「關係」裡，它的運作是透過成員與成員之間的「信息場域」（The field）。

比如說，每個人就像一部電腦，除了基本的運作功能與有限的記憶外，我們會透過無形的網際網路分享彼此的信息，更能分享集體的網絡信息，而這正是一種信息場域。因此，人的潛意識同樣是一種信息場域，而一群人建構的信息場域便是著名心理學家榮格所稱的「集體潛意識」。

換句話說，家族系統成員間的關係就是一種信息場域，構成了家族的集體潛意識。

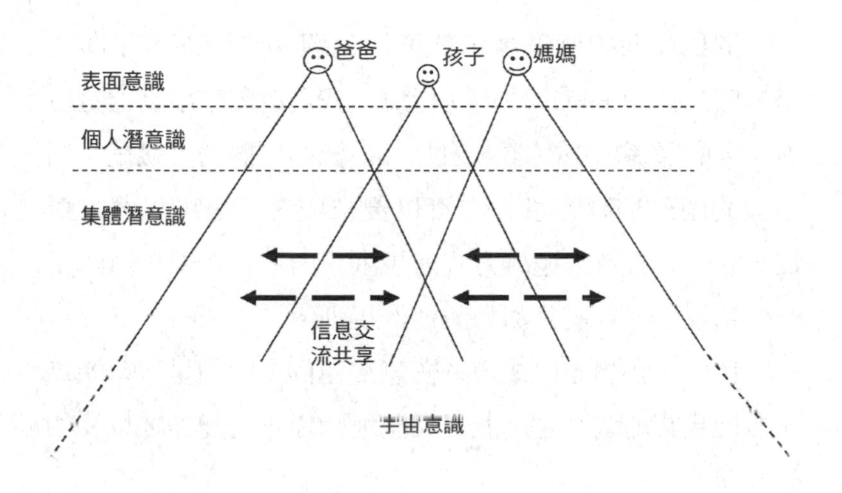


圖 1　集體潛意識示意圖

然而，我們如何觀察到一個系統的信息場域，或者說集體潛意識呢？

事實上，它無所不在，它不僅是一種在文化宗教、熱門演唱會、選舉造勢會場裡可以觀察到的群眾心理現象，更是影響家庭、團體、企業的強大且隱形的力量，例如進入不同人的家庭或不同的企業時，就算只是短暫的停留，我們還是能馬上感受到它的氛圍。但奇怪的是，屬於此系統的成員卻只會有模糊的印象，只有出現嚴重的情況時，系統中的成員才能看到後果所造成的影響。

例如前面的例子中，孩子對父親感到憤怒、不願上學，假設孩子沒有出現這些行為，我們會忽略事實上是這對夫妻的關係出現問題。因此，系統的集體潛意識是一個強大的隱形控制力量，它可以帶來成功，也可以帶來毀滅，它有其獨特的運作方式與規則，所以我們要探討的正是「系統」，以及其動力與運作規則。

那麼，我們如何知道系統怎麼運作？我們是否只能無意識地受其影響？還是能更具體地知道它的運作，以及如何改善？

如同網際網路一般，只要我們有工具便能聯繫上網際網路，而「系統排列」便是研究各種系統動力、運作規則和潛意識狀態，幫助我們更具體地知道它的運作以及如何改善的極佳工具。

## 系統排列的發展

「系統排列」是德國伯特・海寧格整合發展出的心理學模式，透過角色扮演及互動，探討人們的生活困境與關係上的困擾，進而尋找解決之道。當初發現系統排列現象的過程，大致上是這樣：在系統排列發展之前，家族治療便已存在，也就是治療師約談一整個家庭進行家族治療，全家坐下來溝通，但常會發生一些臨時狀況，比如父親需要工作不能出席，或是母親生病不能來，此時治療師只好請助理代表這位父親或母親，結果奇妙的現象發生了！助理竟然可以說出他所代表的人的感受，而且是在事先對這個人一無所知的情況下。

這個現象讓治療師們非常好奇，於是開始進行實驗，最後發現確實有這樣的現象存在，於是美國一位女治療師便依此發展出系統排列現象運用的雛型。德國海寧格先生向她學習並整合過去所學，在許多不同的家庭個案裡做了許多實驗，最後將它發展成一個可操作的心理學模式。

之後，海寧格開始在歐洲各地示範他早期發展出的系統排列心理學模式，接著自九〇年代起，海寧格與系統排列的工作激起國際心理學界的熱烈討論，並在海寧格與其同事們的共同發展下，成爲一門完整獨立的應用心理學，如今，全世界有超過三十個國家的專業人士學習與運用這門學問，藉此幫助無數個家庭與個人。

如同所有學問的發展乃是奠基於前人的基礎之上，系統排列也包含了許多心理諮詢專業的技術與觀念，包括行爲療法、完形療法、系統療法、TA 溝通分析、催眠等等，以及許多心理學前人的發現，包括伊凡納吉（Ivan Boszormenyi-Nagy）的脈絡治療、莫瑞諾（J. L. Moreno）的心理劇、薩提爾（Virgina Satir）的家族治療等。更難能可貴的是，海寧格加上個人的哲學修爲、敏銳的觀察與勇於開創的精神，歸納出最具有代表的「愛的序位」家庭關係律則，並將系統排列的操作與運用範圍不斷開創與擴展。

## 系統排列進行過程與運用

大致了解系統排列發展的緣由後，接著簡單介紹系統排列的實際進行：當來訪者尋求協助時，治療師會先請他簡扼地敘述其困擾，然後決定幾位與這個困擾有關的關鍵角色，並請助理人員代表他們，接著再請來訪者憑著直覺將代表們帶到他想放的位置，也就是將衆人的關係排列出來。

當代表們的位置一站出來，立刻形成一個系統的「信息場域」，而系統裡的深層信息便透過作爲受體的代表呈現而出。原本存在於來訪者心中的問題，透過代表們的位置與移動，被具象化地呈現在眼前。這些代表們事先沒有被告知任何信息，也沒有任何排練，但他們能在靜下心且完全專注的情況下，立刻中立地將自己感受到的呈現出來，包括身體、心理以及深層的想法，如此一來，關係的深層動力與問題背後的根源便有機會一目瞭然，最後，經過排列師的探索與引導，問題的解決之道可能也就隨之浮現出來。

這聽起來很神奇，然而只要親身體驗便知道是眞的，這種物理的信息現象放諸四海皆存在，有其普遍性與可觀察性。因此，確切來說，**系統排列是信息場域的科學現象運用**，以人的身體作爲信息的接收器與發送器，探索整個系統裡的信息影響與變化狀態。這種現象運用在探索深層關係已有三十多年，在全世界有無數起成功的輔導案例，如今也有許多科學家從不同的角度研究這門信息科學[1]。

由於信息存在於個體之間的系統裡，因此系統排列的研究不只與個體心理學有關，它還研究系統心理學，並將心理學家榮格的集體潛意識概念，以一種可操作、可體會的方式呈現而出，讓我們了解人類的深層心理如何構成集體潛意識，還有如何受到它的影響。此外，系統排列也是全世界少數以整體系統觀來探討人的心理狀況，並針對整個系統尋找解決之道的心理學模式，同時它也是

---

註：關於信息場域的研究，英國科學家魯伯特．謝爾瑞克（Rupert Sheldrake）是其中的佼佼者，他曾如此描述「生物型態場」（Morphic Field）的基本法則：「每個結構——無論是組織、有機體或系統——都存在著生物型態場，其作用類似記憶或儲存系統內的重要信息，也由於個別元素是整體的一部分並與整體狀態產生共鳴，因此結構中的每一部位、系統中的每位成員，都參與整體的建構過程和所有重要事件。」

跨世代的家族治療法，它發現許多家族情緒及未竟之事（unfinished business）的信息會傳遞到後面的世代、影響到現在的家庭與個人身心，因此發展出探索與修復種種跨世代議題的方法。就這方面而言，系統排列更是非常好的家庭心理動力（family psychological dynamics）檢測工具，可在極短的時間內了解家庭的深層心理狀態並尋求改善之道，因此無庸置疑地，系統排列已爲現代心理諮詢模式刻下革命性的里程碑。

一如氣象的衛星雲圖可以顯示颱風如何發生、運轉的力量與方向，系統排列就像關係系統的人造衛星，可以顯現我們的家族、人際、企業等所有系統裡的深層關係，了解系統朝向什麼方向進行、成員間如何互動、受到什麼力量影響、這些力量如何牽絆糾葛、癥結可以如何打開等等。透過這個方法，我們可以知道自己疏忽了什麼、要努力的方向在哪裡，讓已經堵塞的能量有機會再次流動。

也因此，系統排列適用於：

1. **關係議題**：支持我們建立更幸福的家庭生活，以及更成功的兩性關係、親子教養、工作與人際關係。
2. **身心議題**：支持我們建立更有效的情緒管理，以及更健康快樂的身心成長、靈性提昇與生涯規劃。
3. **企業與組織議題**：支持企業建立更成功的經營發展，探索組織深層動力、尋找問題解決方案，以及協助重大決策的決定與執行後的檢核、人事調整與管理等。

然而，以系統排列的「排列過程」來面對問題、尋找解決之道只是系統排列的「一般用途」；更重要的是，我們要學習系統排列的「核心內涵」，將其融入生活並活用、領悟宇宙人生的道理，並支持我們創造更和諧美好的社會，這才是系統排列的「大用」。因此，這些年我將系統排列從解決問題的諮詢範疇，擴大運用到生命成長的學習範疇，並從與個案的工作經驗中領悟到系統排列最重要的核心內涵，也就是**關係法則**。如果我們能體會並活用這些法則，讓我們自己的內在開始改變，將能夠支持自己與更多人朝向幸福成功、創造更和諧美好的社會，這便是發揮系統排列的「大用」。

據此，我們理解到系統排列的本質，乃是一門支持生命成長、朝向幸福和諧的學問。

## 關係五大法則

宇宙運行的背後有其隱藏的律則，系統排列發展者海寧格發現到，人類系統的背後也有隱藏的法則。我立基於

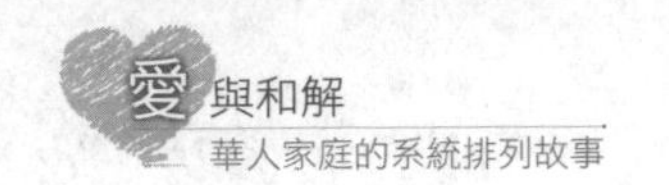


海寧格的發現，再透過數以萬計的個案工作驗證，結合東方傳統智慧與西方現代心理學，將領悟到的系統排列核心內涵歸納爲「關係五大法則」。

這些法則，與中國傳統文化的先聖先賢們所觀察到的宇宙生命律則不謀而合：

如同中國道家老子所說的：「人法地、地法天、天法道、道法自然。」這些法則背後的運作力量，乃是自然大道的力量融入愛、融入生活的眞實體現。

如同儒家強調的倫理思想：「父子有親，君臣有義，夫婦有別，長幼有序，朋友有信。」這些法則的入世之用，乃是儒家思想活用到心理學、活用到家庭、人際、社會關係的具體實踐。

如同佛家所領悟到的：「因果共業」、「緣起性空」與「一切如是」，這些法則的哲理精神，乃是佛家醒悟的洞見以現代語言傳達出來的眞理，是佛法運用於世間的方便法門。因此，這些法則是天然的，不是哪個人創造、哪個人發明，不是海寧格、也不是我創造發明的；它是大自然的法則，不是人爲的，說穿了，關係法則就是大自然法則在關係上的實現。

關係法則有哪些呢？我將其歸納如下：

## 一、整體法則

**我們是一個整體系統，這個系統會不斷進化成長，每個成員都要有其位置。**

整體觀一直是中國特有的觀念，也是世界上許多文化與醫學不約而同的發現，它的意思是整體存在於每個小個體裡，透過小個體即可窺見整體，例如中醫耳穴針灸、董氏針灸，都是透過耳朵或手掌來診斷與治療全身疾病。因此，整體觀有其雙向性，也就是整體會影響其中的每個小個體，但小個體的改變，也能影響整體的改變。

同理，關係也是一個有機的整體系統，系統裡發生的事，會從系統的成員反應出來，成員會承擔系統的未竟之事，因此整體系統的事件要優先於個別成員；但同時，系統成員的改變也會對整個系統產生影響。這種關係的整體系統觀徹底改變我們對人的看法，尤其是一些莫名的情緒和行爲，以及一些重複性的家族命運。我們不再只是看到一個人的表面情緒或行爲，而是開始覺察到問題背後的根源，觀察到更深層的系統影響力量。

再者，在人類的家族關係裡，整體法則要求著：只要是屬於這個家族系統的一份子，都有歸屬於這個系統的權利，在這個系統裡永遠都有一個「位置」。這個法則影響深遠，卻常常被人忽略，我們常因為某個家人發生意外，例如夭折、自殺或意外等等，而無意識地把他／她遺忘或排除，彷彿他／她在這個家不再存在一般；或者某個家人的行為不符合家族標準，例如賭博、酗酒、犯罪等等，造成家人在心裡不承認他的位置。

若出現以上這些情況，無論是出自故意或無心，都違背了整體法則，因為整體系統的力量包容所有成員，不容許有成員被排除，而且這些信息會存在於家族的集體潛意識，促使系統裡的其他成員去填補這個被排除者的位置，如此一來，這個人便會重複被排除者的命運悲劇，他所付出的代價往往是莫名的情緒、行為或疾病，甚至是死亡。

然而值得注意的是，這裡所說的「家族系統成員」有其一定的關係範圍，並非每位遠親都屬於我們的家族系統，接下來會探討哪些人屬於我們的家族系統，藉此幫助我們更了解與覺察到家中是否有人被排除了。

## 二、序位法則

**長幼有序，每個人都有歸屬的權利。**

我們所存在的系統裡，與我們最親近的就是家族系統。家族系統裡所有成員的順序和位置，其重要性如同太陽系星球間的引力般牽一髮而動全身，但我們往往因為沒有覺察到而在無意識裡被牽引著。對家族系統而言，最重要的法則之一即是序位法則：每個人在這個家都要按照其長幼輩分的「順序」被尊重，每個人都要回歸到屬於自己的「位置」。不管我們是否有意，當一個家違反序位法則時，這種失序將帶給這個家痛苦與失敗的教訓，直到我們有所領悟、回歸序位為止。

這種「長幼有序」、「萬物有歸」的觀念，中國大教育家孔子早在兩千年前就已闡明，更認為這是大同世界的根本基礎。因此，序位法則與儒家倫理思想相互呼應，更是現代倫理思想的活用版；而序位法則的特色是，它可以透過系統排列的操作模式，讓每個人以「看得見、體會得到」的方式，將錯位失序所帶來的後果明顯呈現出來，把遵循序位倫理的好處具像化地呈現。因為不管人們重視或忽略它的影響，序位法則都是從不間斷地在運作；而錯位失序所帶來的嚴重後果，終將一次又一次帶給我們深刻的警惕。

透過本書的許多故事實例，我們將開始認知到序位法則運作的力量、所屬系統的成員如何相互影響，也開始學會覺察自己是否在自己的位置上？家人關係的互動是否有序和諧？因此，學習與活用序位法則、認清我們在每個關係中的序位、提醒自己要回到序位來愛，以及學會蛻變盲目小愛爲成熟大愛，這些都會幫助我們化失敗爲成功，重拾幸福的滋味；與此同時，如果我們能領悟序位法則的精髓，將之擴大活用到人際關係、工作職場、事業組織的領域，這能幫助我們創造一個更和諧有序的社會。

## 三、平衡法則

**施與受的關係要平衡**。

平衡是大自然最重要的規律之一，自始至終大自然始終保持著一種微妙的平衡，人與人之間的互動也出於平衡的本能，施與受的平衡更是關係成功的重要祕訣，但要如何平衡卻是一門需要學習的藝術。例如兩性之間要如何平衡呢？當對方對我們好，我們回報時要多加一點，同樣地，對負面的對待我們也要學會如何回報回去，那就是回報時要減少一點點，亦即要「帶著一點愛」回報。因此，平衡法則不是粉飾表面的太平，而是幫助關係更能眞實互動的基礎。

那麼親子之間又該如何平衡呢？親子之間永遠無法平衡，因爲父母給了我們最珍貴的生命，而我們永遠無法生下我們的父母，這是天生的不平衡，但是我們可以像他們一樣，把生命傳給我們的孩子，同時也盡力孝順父母，這便是一種生命流動性的平衡。

再者，在金錢與責任上也需要平衡，所有的不當得利與傷害欺騙，最終都會在其家族、身心或工作事業上付出應有的代價。這個觀察結果與佛法因果報應的觀念不謀而合，如同佛家所云：「萬法皆空，因果不空。」因此，關係所要求的平衡法則，不但是人性的本能，更是生命互動的基礎；不只侷限在家人與人際關係上，對於工作、公司、國家社會乃至於大自然也都適用，這是所有天、人、物、我關係終須遵循的鋼鐵法則。

## 四、事實法則

**必須尊重與承認事實的原貌。**

「尊重與承認事實的原貌」代表我們與生命連結，代表我們能面對、融入當下世界種種的一切，按照事實如是的樣子承認它；而事實是最好的老師，它帶給我們得以成長的最大力量，因此在家庭、生活、工作上想採取最適當的行動時，系統裡相關的人都要能面對事實，尊重與承認事實的原貌。

這說來容易，但眞正遇到事情時，對許多人來說卻不容易做到，尤其發生在家庭裡的事更是如此，例如家庭發生意外悲劇時。比如說有個小男孩車禍喪生，但孩子的父親因爲害怕其他孩子也發生相同的事，便把車禍喪生孩子

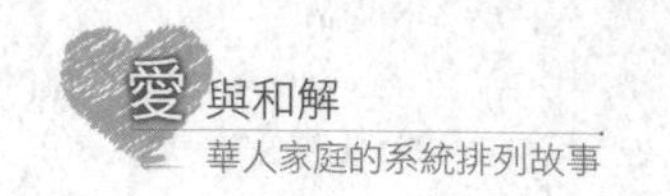



的所有相片藏了起來，不讓其他的孩子們知道他們有這個哥哥；但隱瞞事實的代價是後來出生的孩子竟然也有發生車禍的危險，這讓父親十分害怕，直到運用系統排列揭露出隱瞞事實所帶來的後果，竟是其他孩子在無意識裡也想跟隨他們的哥哥死去。

父親這才警覺到隱瞞事實的影響，回去之後，他立即讓其他的孩子開始知道他們有這個哥哥，並且與孩子們一起爲這個死去的家人做一些有紀念性的好事。重新承認事實的原貌後，所有孩子們發生車禍的危險明顯地降低了，這是因爲，一旦家庭不願意承認事實的原貌，想要用一些奇怪的方式逃避、忽略或否認時，這件事就會成爲家中一件未竟之事，像黑洞般牽絆著這一家人。相反地，若我們能夠承認事實，反而會帶來解脫與療癒的力量，爲解決之道打開一扇可能之門。

尊重與承認事實的原貌也包含「尊重每個人在系統裡的身分事實」，而且「把它說出來」是一種重要的承認方式，例如孩子對父親說：「你是我的爸爸，我是你的兒子，你是長輩，我是晚輩。」或是第二任妻子對前任說：「妳是他前任的太太，我是他現任的太太，妳在我前面。」當這些話打從內心說出來時，代表了說的人知道這個事實並承認它，這會對系統裡所有相關的人帶來穩定與解脫感。

看起來很容易，但我們往往無意識地因爲某個人的行爲而否定他的身分事實，最常見的是一對夫妻吵架或離異時，一方很容易無意識地否認對方，例如對孩子說：「你爸爸對這個家不負責任，他沒有資格當你的爸爸。」或是「你的媽媽是個壞女人，她不要你了，跟別人跑了。」當我們因爲某個人的行爲而否定他／她的身分事實，整個系統裡的人——尤其是孩子——會感到不安，並且出現不當的情緒與行爲，重複著家裡所發生的不幸模式（第四章〈親子關係〉將有更深入的探討）。因此在生命運作的法則裡，我們要學到事實不會因爲否認而改變，但否認事實卻得付出嚴重的代價，同時也會喪失生命給我們的學習機會。

## 五、流動法則

**關係信息會世代傳遞，生命力要向前流動。**

生命是一種流動，它透過每個生命個體作爲接受器與發送器，同時透過生命群體關係的相互交流，生命的信息在群體中傳遞，包括家庭、公司、社會等組織都是如此。同時，因爲生命會一代代傳遞，因此關係中的信息也會跨越世代而傳遞，而且其中所傳遞的信息遠超乎我們的想像，包括了情緒、信念、行爲模式、身體狀況、知識靈感、命運遭遇等等，以及心理學家榮格所說的集體潛意識——人類共享的信息資料庫，祖先強而有力的經驗寶庫——可以說，所有生命裡的信息都在關係裡傳遞著。

因此，我們要體悟世代傳遞的法則，認知到所有過去的世代都會影響我們，也要知道所有屬於我們這一代的未竟之事，都會影響到下一代，這會讓我們變得更有覺知，這種覺知不但幫助我們尊重家族過去的命運，從中得到學習與力量，並負起屬於自己的責任，讓生命力不再逆流而是繼續向前流動；同時更可以幫助我們覺察家庭裡無意識的牽連糾葛，進而將牽連糾葛轉化爲背後支持的力量，朝向幸福成功的方向邁進。這就是流動法則的力量。

那麼違背流動法則又會出現什麼情況？這意謂著生命力沒有往前流動，而是往後推溯，比如因爲要照顧原生家庭而無法擁有自己的家庭，或疏於照顧現在的家庭，或無法將生命傳給下一代；一直懷念或緊抓著過去的事，無法看到眼前的關係，無法將生命力全然投注到當下；或是家中發生突然的驚嚇意外，造成某部分的生命力量凍結在當時的時空，或發生創傷後遺症，以致無法帶著全然的生命力活著等等。這些都違背了流動法則，而違背的結果便是承接到上一代的情緒、不平衡的糾葛延續至後代、代代相同的模式重複出現，我們的生活會開始受到侷限、生命力無法全然發揮，最後，當一個家族的生命力開始走向萎縮，沒有了後代，最後便會結束。

流動法則強調生命力要向前流動、讓過去的過去、全然地活在當下，以及在家族裡生命能代代相傳。因爲事實上，家族關係所傳遞的信息也是一種愛的信息，透過生命的傳承能將愛跨越世代傳下來。我們身上都流著前人們的血，透過世代傳遞，前人們走過的許多生命經驗與智慧能夠成爲我們最佳的智慧寶藏，如果我們抱著謙卑的態度，便能從這些前人的智慧裡擷取精華，再加上自己靈活運用與努力開創，就可以爲自己及下一代創造無限的可能。這就是流動法則的運用。

上述的關係五大法則，也正是生命的法則，它擷取了前人們智慧的精華，它超越時空，放諸四海皆行，不管經過多少改朝換代仍會繼續保留下來，因爲它是眞理，是大自然法則的實踐，也是生命最本能的渴望。這些法則的核心價值在於它的實用性，如果我們能細細領悟並實踐，秉持信心朝向愛，我們的愛將在關係中滋長，我們的智慧也將在愛中醒悟。

## 檢視你的關係

現在，我們了解關係五大法則，也了解系統排列能幫助我們對深層心理有更多的覺察，尤其當人們出現盲點或「當局者迷」的情況時，系統排列可以協助我們看清問題真相以及要如何改變，更重要的是，可以協助我們領悟我們的人生議題要學到的是什麼。

不妨問問自己：

你知道你要從關係裡學到什麼嗎？
你知道你這輩子的功課是什麼嗎？

也許有人很快就領悟到他生命的功課、人生的任務，孔子「五十而知天命」，在五十歲就知道生命的任務，那麼我們呢？

我看到有許多人終其一生不斷重複著相同的模式、同樣的困擾，卻未能從中領悟而有所改變，然而，只要我們願意學習良好的學問，例如系統排列心理學，就可以支持我們探索深層的心理狀態、了解關係的深層意涵，進而領悟生命要學習的重點，找到更好的方式來愛、來生活。

現在，請靜下心來好好檢視一下你的關係吧。以下有五道題目，請一題題慢慢回答，每一題都停留幾秒鐘傾聽內在的聲音，並把內在告訴你的答案寫下來：

1. 你是否跟某個人還有怨恨或虧欠、還有未解決的事？
   ————當我問這個問題時，誰浮現在你心裡？
2. 你是否在你正確的家庭序位上？
   ————你清楚地知道家族裡的每一個人嗎？
3. 你現在能覺察到你的心是否平安嗎？
   ————你覺察到了什麼？
4. 你是否想愛某個人卻拖延沒有去愛？
   ————當我問這個問題時你想到什麼？
5. 你是否已完成你的心願而不帶任何遺憾？
   ————你的答案是什麼？

如果你能夠不逃避，眞正靜下心來回答這些問題，將會驚訝地發現內在告訴你的信息，這些都有可能是你的未竟之緣。如果你夠尊重自己，你將會非常珍視這些信息，並且開始尋找解答，尋找如何圓滿這些緣分的方法。

許多人曾聽過這個故事：有個人有幸參觀地獄與天堂，他看到地獄裡擺滿一桌桌山珍海味，可是坐在桌旁的人卻骨瘦如柴、萬分沮喪，每個人只能盯著眼前的美食卻吃不到，因爲他們手中的湯匙都很長，撈得到食物，卻吃不進嘴裡。接著，他到天堂參觀，同樣看見一桌桌美食，每個人手中的湯匙也都很長，可是他發現有個很不一樣的地方，那就是在天堂裡「大家彼此餵食」，所以每個人都吃得很開心。

事實上，這世界可以變成天堂，也可以變成地獄。如果我們能學會在關係裡相互支持、彼此餵養，如果我們能透過本書的實例得到啓發，找到圓滿緣分的方式，那麼，我們便開始爲這個世界創造出一個天堂。

# 兩性關係

家人，女正位乎內，男正位乎外。男女正，天地之大義也。家人有嚴君焉，父母之謂也。父父、子子、兄兄、弟弟、夫夫、婦婦，而家道正，正家而天下定矣。

——《易經》

## 男女：不同且互補的圓

《易》曰：「天地以陰陽交媾而生萬物。」男女會相互吸引是大自然性能量的造化之一，如同花兒美麗的開放、孔雀燦爛的開屏，大自然性能量創造出這個世界許多美好的事。性能量讓人成爲有形的個體，每個人也是因爲性能量才擁有生命，可以說，性能量是讓生命成形最重要的本質。

當男女彼此吸引時，在深層意識裡是被性能量本質所吸引，如同磁鐵的正負極、地磁的南北極，因爲當一對男女彼此吸引時，男人可以感覺到女人擁有某種他所欠缺的東西；同樣地，女人也可以感覺到男人有某種她所需要的東西。當彼此擁有並能夠提供對方所需的時候，雙方就能互補而成爲一個圓。

但我們都知道，就算有大自然性能量的助力，兩性關係也不是毫無阻礙、一蹴可及，而是必須用心經營的，因爲生命歷程的本身，正是面對種種挑戰及克服困難的過程，兩性關係當然也不例外，我們需要培養的是不斷調整與解決問題的能力。此外，男女關係更是生命的一種實現，擁有成功的伴侶關係將是人生的高峰之一。

然而，自古即云「男女有別」，男女之間如此不同，要如何相處、如何相愛？是否有什麼規律可以幫助我們的愛更成功？

系統排列觀察到有個隱藏的規律在關係的背後運作，影響著家庭中每個成員，那就是「關係法則」。它不僅影響有血緣關係的親人，也同樣影響非血緣的親密關係，無論是有心或無意，伴侶間會發生問題通常是違反關係法則所導致的。關係法則並不是一個死板的規定，而且每對伴侶的情況也各不相同，但可以確定的是，如果伴侶們能夠了解並遵循關係法則，將能避免許多衝突與困擾，同時幫助自己走出痛苦、享受親密關係的喜悅。

親密伴侶間的關係法則有以下幾個基本現象：

1. 男女之間所要求的是：男人是因爲「她是一個女人」而要她，女人是因爲「他是一個男人」而要他。如果爲的是其他的理由，比如說同情或想拯救對方，他們的連結將無法完全發展。
2. 愛的性結合——甚至有時只是單純的性交——會使伴侶間產生連結。每一個連結的序位都必須被承認，每一任伴侶的位置都必須被尊重。
3. 尊重兩性差異的事實，尊重這些差異性具有同等價值，同時也接受自己作爲男人與女人的特質，愛才能出於這種尊重而得以成長。

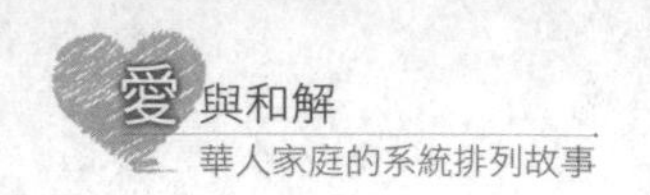


4. 給予與接受的互動要平衡。
5. 自己與對方都需要尊重雙方家族如實的樣貌。

上述的關係法則現象，對親密伴侶關係有著深刻的影響，伴侶間的許多問題常源自於此。我們往往只能看到違背它時所造成的後果，但如果能開始有所了解、有所警覺，就能幫助自己重新檢視伴侶間的關係與挑戰。

## 尊重序位，平衡兩性

曾經有個男人對海寧格說，他渴望尋找一個能和他發展出穩定關係的女人。海寧格問他之前曾經有過幾個親密的伴侶？他回答七個。海寧格告訴他，那麼他可以放棄那個想尋找能和他發展出穩定關係的女人的想法了，那個男人不放棄，詢問是否有任何方法可以幫助他？海寧格說：「能夠實現的唯一希望就是：如果你能夠尊重這七個前任伴侶，心中抱著愛來接受她們曾經給你的愛，把這個禮物收藏在心裡並帶到新的伴侶關係裡，那麼你就有機會發展出一段穩定而牢靠的關係。」

我們可以從「整體法則」與「序位法則」觀察到，只有當前面的伴侶關係能夠被尊重與接受，後面的伴侶關係才能成功地發展，如此一來，這些前任伴侶的價值會被肯定，彼此通常能和解與平靜的分手。另外，從「平衡法則」也可以看到，如果伴侶間有不平衡的情況發生，它會產生一個深深的趨力來糾正，所以我們在問題伴侶身上可以看到那些該負起失衡責任的人沒有負責，反而讓無辜的下一代承受代價。

例如在我的課堂中有一對夫妻感情很好，他們很愛兒子，但不知什麼原因，兒子對母親總有一種奇怪的憤怒，甚至還會恐嚇母親，明明母子間不曾發生什麼事，但這股莫名的憤怒卻表現在兒子對母親的態度上。他們曾做過許多溝通與諮商，但進行系統排列時才揭露出深層的系統心理因素：母親年輕時有個前任男友，當初分手時她對那個男友很不公平且造成傷害，所以前任男友心中仍存有怨恨。我們在系統排列中發現，母親與現任先生所生的兒子竟然神情肖似那位前男友，彷彿他承接了那個男人的情緒，對母親表達出憤怒的態度；而母親看到代表兒子的人生氣時的眼神，簡直和前男友的眼神一模一樣時也非常驚訝。當然，在日常生活中沒有人察覺出這個認同，只能看見它所造成的影響。

現在問題的根源揭露了，接下來該如何解決呢？首先，我讓這位母親對前任伴侶深深地道歉、尊重和肯定對方曾經付出的愛、珍惜彼此曾經在一起的時光，然後把對方的愛珍藏在心中，在心中給予對方一個位置，並對造成的傷害道歉，願意負起各自應負的責任，最後達成一個平衡的和解。接著，我讓孩子回到屬於他的位置，我請母親清楚地告訴他：「你是我的兒子，我是你的媽媽，媽媽與前任伴侶之間的事和你一點關係都沒有。你是我和你爸爸的兒子。」當我們完成上述的動作後，兒子對母親的憤怒很快就消失了，母子間的互動也有明顯的改善。

從這個例子及接下來的實例故事，我們都能從中印證兩性的關係法則，也就是兩性的互動要平衡，就算分手，也要平衡的分手，否則這種牽連將會跨越到後面的世代，讓無辜的孩子也受到牽連；而且每一個序位都必須被承認與尊重，包括前任伴侶與孩子。最後，如實地尊重伴侶及雙方家族，將是兩性的愛能夠成長的最重要基礎。

案例

# 外遇，發生在我身上

專注而深入的伴侶關係，不是理所當然，那是心靈成長達到成熟程度的獎賞。此時彼此就像一扇門，透過對方我們連結上生命的本質。

陳欣氣質端莊，有著古銅色健美的身材，穿著打扮簡單俐落，給人一種強勢女人的印象，但頭髮卻凌亂無比，臉上還帶著一種無奈。她來參加我的課程，卻始終悶悶地不發一語。

到了第三天，陳欣坐到我身旁，我望著她抿著的嘴問：「發生了什麼事？」

陳欣尷尬地說：「我和先生在性生活方面有障礙。」

「有障礙是什麼意思？」

陳欣的臉一陣羞赧：「我想跟他發生關係，但他常常沒反應。」

「妳是怎麼表達出妳想要的？」

「我就睡靠近他一點。」

我微笑著說：「妳先生知道妳想和他發生關係

嗎？」

陳欣點頭：「我想他應該知道。」

「好，我們來探索一下哪裡出了問題，該如何面對？現在，請妳從這些助理中找一位代表妳先生，在這間教室裡給他一個位置，妳自己則站到妳的位置，然後站出你們彼此之間的關係位置。」

陳欣將先生排到自己面前，與他面對面地站著，兩人相距一公尺。

此時，特別的事發生了。陳欣想靠近先生，先生卻不願讓她靠近，她越是急著要靠近他，她先生越是想遠離。陳欣越來越急……

我問代表先生的人有何感覺，他說：「我覺得她不尊重我！」

當「不尊重」這三個字說出來時，陳欣的眼眶剎那間紅了起來。

我望著陳欣紅著的眼眶：「發生了什麼事？」

強勢的陳欣落下了淚，聲音卻依然故作輕鬆：「自從三年前發生一些事，我的生活變了樣……」她沒有回答真正的問題，反而擦擦眼淚繼續說：「這三年來我的生活一團亂。」

我再次問她：「三年前，發生了什麼事？」

她擦乾眼淚，做了一個深呼吸後才說：「我先生外遇了！」眼淚不斷直流的她繼續說道：「我想我對他太強勢了，他常說他在家裡都做不了主，結婚十年，很多事情都是由我做決定。後來，因為先生工作的關係，偶爾需要出差，當我發現他怪怪的時候，他坦承有第三者……當時我真的很難接受，我從來沒想過先生外遇的事情會發生在我身上。」

「喔！原來如此。性生活失和只是表面現象，真正的原因是你們之間的關係『失衡』了，妳不尊重他，他在家中沒有地位，所以他就用不給妳『性』來報復妳，甚至發生婚外情。只是很可惜，這種負面的報復方式無法帶來和解。當妳聽到老公有外遇時，妳有什麼反應？」

陳欣停頓了好一會兒，搖搖頭道：「我傷害自己，讓自己的生活一團糟，甚至一度不想活了。」

在一段關係中，如果被傷害的人沒有回報回去，而且讓自己過得更糟糕，這等於加重對方的傷害，不給對方回頭的機會，她的深層心理是這麼想的：「我比較優越，我不報復你，但你對我的傷害永遠都沒辦法消失。」其實，這不但是一種報復，而且是一種「隱藏式」的報復，這種報復方式會對關係造成更大的傷害，讓兩個人就算分手也沒有辦法和解。

我對陳欣說：「你們之間的平衡方式該做調整了！一開始是妳不尊重先生，而妳先生用拒絕發生性關係及婚外情作為報復；接下來，妳用傷害自己的方式報復他，但這是最糟糕的方式，它不但使傷害加深，也讓妳先生完全沒有彌補的機會。」

「事情發生得太突然，我不知道該怎麼辦？」

「不，妳知道的，但是妳要站在自己的位置上用適當的方式回報，否則妳會在暗地裡利用妳的孩子。妳認為妳的兒子未來會怎麼想？」

陳欣很快回答：「我要兒子愛他的爸爸。」

「如果妳傷害自己，妳認為孩子真的能聽進去嗎？他會怎麼反應？」我質問她。

陳欣沉思不語。

我問她：「妳想知道為什麼會這樣嗎？」

陳欣點頭。

我繼續說：「這就像是妳在對妳兒子說：『這都是你爸爸害的，但請你愛那個傷害我的人。』我想，妳兒子以後不是成為心理師，就是會得精神官能症！」

陳欣若有所思，接著緩慢地說：「所以我應該要面對我先生，把我的感覺告訴他！」

我點點頭：「讓我們試試看。」

我請一個助理代表陳欣的兒子，兒子的代表一上場，馬上感覺自己想緊握拳頭，並憤怒地瞪著他爸爸。我指著孩子對陳欣說：「看到了吧？當妳逃避、不願面對時，妳的孩子便承接了妳對先生的憤怒。」

「那我該怎麼辦？」

「妳必須自己去面對，表達出真實的感受。」

遲疑了好一會兒後，陳欣開始全身發抖，其中腳抖得特別厲害，彷彿回到事件發生的那一刻，當時的憤怒、害怕、無助剎那間全湧上來，有一度她甚至差點癱軟在地。我支撐著她，要她勇敢面對，最後她看向先生，終於喊出心中的憤怒。

「我對你很生氣！為什麼你要在外面找女人……我恨你！我恨你啊！」

哽咽的聲音不斷地發出，她雙手握拳，不斷地捶打先生。

「我恨你！我恨你……」陳欣不斷地捶打著、哀號著，直到自己聲嘶力竭……

奇妙的事發生了，原本憤怒的孩子放下了拳頭，他不再對父親怒目相向，而且他在深呼吸地鬆了一口

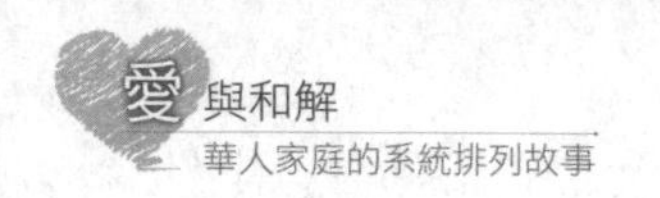


氣後，回到旁邊屬於孩子的位置。

「妳看到孩子的變化嗎？」我問。

陳欣點點頭。

此時，她忍不住地再次哽咽落淚，深層的悲傷湧出，她用力搥打先生的胸膛，激動地說出內心的感受：「我愛你，我跟孩子都愛你，嗚⋯⋯」雖然先生現場沒有給出任何承諾，但不管陳欣怎麼搥打他，先生始終只是深深地望著她，看著陳欣釋放出壓抑了三年的情緒。數分鐘後，哭聲漸漸平息了。

是的，回到自己的位置，適度表達我們真實的情緒是必要的，也是健康的，但是接下來，更重要的是能夠和解——承認事實，負起各自的責任。我引導陳欣朝向和解的方向，要她對先生說：「對不起，我沒有尊重你。對不起！」

「對不起，我沒有尊重你。對不起！」陳欣說出口，但是代表先生的人感覺她還不夠真誠。

「是的，這是騙不了人的，如果妳想要和解，就必須真心地去做。」

「對不起，我沒有尊重你。對不起！」陳欣再次對先生說，這次我們都可以感受到她的誠意。

接著，她向先生鞠躬：「對不起，我沒有尊重你男性的尊嚴。現在我看到你了，我重新尊重你男性的尊嚴。」

先生開始轉過身面對她。

我繼續引導陳欣對先生說：「你有錯，我也有錯。對我們之間出的錯，屬於我的部分，我願意負起我的責任。」

「對於你的外遇，我還不能原諒你，那是屬於你的責任，我把它交給你。」

先生開始有友善的回應：「是，我也有錯。」

陳欣接著說：「謝謝你為家裡付出的一切，我一直沒有好好珍惜，現在我看到了。」先生臉上的線條開始放鬆了。

「請你重新接受我做你的太太，我想繼續和你在一起。」

先生慢慢靠向她，他們四眼對望，沒有欺騙、沒有遊戲擋在他們中間，最後，排列在平靜的氛圍裡結束。

之後，我對陳欣說：「現在妳知道回去之後，該怎麼做了嗎？」

陳欣肯定地點頭回答：「嗯，我知道了。」

她接著又問：「我想起……當初我和先生認識

時，他已經有一個論及婚嫁的女朋友，我好像是他的外遇，這是不是報應呀？」

我回道：「用報應來解釋很容易，但我們要學到背後的核心功課，否則事情會一再發生。什麼是這個事件的核心功課？」

陳欣想了想，然後回答：「尊重我先生的序位，回到我自己的序位，用一個好的方式平衡互動。」

我接著道：「是的。不過妳說的沒錯，從我過去處理上萬個個案的經驗及關係法則來看，你們的確欠妳先生這個前任伴侶一個尊重與道歉。」

陳欣問道：「這部分我可以怎麼做？」

「最重要的是內心的尊重，尊重她是你先生的前任伴侶，尊重她的序位在妳的前面，妳在她的後面；同時向她道歉，請求她友善的對待。」

陳欣問：「我需要去找她當面道歉嗎？」

「細節可以依每個人實際狀況來做，但最重要的是發自內心。」

陳欣點頭：「好，我知道了。」

最後，我帶著神祕的笑容望著陳欣：「妳知道什麼是最好的報復嗎？」

陳欣沉思一會兒，搖搖頭。

「讓自己變得更成功、更快樂、更有魅力！」

陳欣與我相視大笑。

一年後，陳欣來參加進階成長課程，整個人變得容光煥發。她說上次課程結束後她痛定思痛，告訴自己不能再逃避了。之前她不願面對婚姻的問題，但是上次回去後她改變了很多，首先她真實表達出自己憤怒及難過的情緒，流了很多眼淚，但更重要的是，她回到太太的位置，開始對先生很好、很體貼，展現出女性能量的一面。

「以前我覺得我好像是他的媽媽，又好像是一家之主，完全不在太太的位置上，那真是太累了！」陳欣說。

她發現，當她開始尊重先生的男性尊嚴時，她內在的女性能量也變得更完整。她察覺先生和她相處的時間增加了，也變得比較有笑容，甚至比較會說出自己的感受。

然後，她寫了一封信給先生的前任女友，真心向她道歉並尊重她的地位。對於先生的外遇，她決定把屬於先生的責任交給先生，她已經表達出自己的態度，她先生必須負起屬於他的責任。她說當她這樣決定時，發現自己的心就像一顆石頭落了地一樣，整個人都放下了。

「老師，我有聽進你的話，真的承諾自己要過得快樂、過得更好。我不斷充實自己讓自己成長，變得內在、外在都美麗，我也開始去孝順我先生的父母，我知道以前我對他們的態度不大好，但現在我開始真的尊重他們、關心他們，常常陪他們、買東西給他們。而且，我發現我的人緣變好了，我朋友都說我彷彿變了個人一樣，成熟女人的魅力都跑出來了！現在反而是我先生怕我跑掉！」陳欣開心地分享。

「還有，老師，告訴你一個好消息，我先生對我的改變其實很驚訝，我想等時機成熟時邀他來上課。其實他好像對心理學的東西也有一些興趣，我覺得他可能過一陣子之後就會來參加。」

「嗯，尊重妳先生的決定吧。」我微笑地回答。

## 關於婚外情

「婚外情」是伴侶最常見的議題之一，讓我們好好思考：

一個人是否有權力可以永遠緊守住另一個人？

當我們的伴侶和另一個人有關係時，它實際上的傷害是什麼？

當我們自己和另一個人有關係時，它對我們會造成什麼影響？

當一對伴侶準備好只深入對方，他們內在所產生的力量又是什麼？

發生婚外情時，若無辜的一方不努力用愛把對方爭取回來，而是用蠻橫霸道或騷擾糾纏的方式，這樣能讓另一方回頭嗎？還是會造成人回，心不回的狀況？更嚴重的是用傷害自己或自殺等極端手段報復，內疚的一方不但永遠回不來，甚至還會將傷害延續到下一代，如此整個家庭的人內心都無法和解、無法得到平安。

對此，我建議選擇一種更寬容和更謙虛的方法。忠貞必須出自於愛，而不是占有，生命有許多奧祕出乎我們的理解，就如同我們和另一半爲何會相遇？是什麼緣分讓我們成爲夫妻？彼此所要學習的是什麼？我們無法要求對方把我們視爲唯一具有意義的人，對方也無法如此要求我們，而且事實是我們會吸引別人、也會被美麗的人吸引，我們的另一半當然也是如此，甚至我們會在生命的不同階段遇見某些重要的人、與某些人有不同的緣分。我們必須尊重生命如是的樣子、尊重每個人的序位，並且經營彼此平衡的互動，這樣才會出現好的解決之道。當事情發生了，只有用有智慧的愛才可能化危機爲轉機。

## 離棄的深層恐懼

從伴侶的系統排列個案中，我們觀察到：有些伴侶在對方發生另外的關係時，會感到彷彿被離棄，或經驗到一種瀕臨死亡的恐懼，感覺失去對方就像失去性命一樣。這是一種孩子式的無助反應，猶如被母親離棄一樣，不管這個人的年齡多大，他／她的內在對伴侶的依賴仍是孩子的形式，因爲成年人會知道這件事關乎於伴侶是否離開或留下，但無關乎生死。所以無論是男是女，如果伴侶間要求對方必須扮演母親的角色，這會對伴侶關係造成極度威脅，因爲這種失序會讓對方無法再以平衡的伴侶關係互動，最後只能選擇離開；或者他／她同意在家裡當母親，卻在外面找另外一個人成爲他／她眞正可以平衡互動的伴侶。

因此，只有在雙方尋找的是平等對待的伴侶而不是母親的情況下，伴侶關係才能成功運作。伴侶要在一起，必須能眞正看到並尊重對方如是的樣子，同時也要覺察自己內在深層的狀態，而這是對所有伴侶最大的挑戰。俗語說

「睜一隻眼，閉一隻眼」，但請記得我說：「睜一隻眼看對方，閉一隻眼看自己。」最重要的是帶著愛凝視著對方，那麼，你將有機會看到一位女人或男人。

## 婚外情的承認與寬恕

當有婚外情的人感到愧疚並對外坦承其行爲，此時伴侶將被迫承擔起後果的影響，因爲這是把後果推給另一人的方式，也是以一種公開的方式傷害關係，因爲隱私是必須被保護的。

關於這個問題，我想分享海寧格的一個洞見：「適當的解決方式是，愧疚的人讓事情回到應有的序位，並由他／她自行承擔這個後果，這樣就不會加重其他人的負擔。假如你想要彌補你的作爲，你可以暗地做點好的事，而不需要任何告解，這或許能使事情得以解決，遠比一開始就坦承告白並導致成一場大曝光而來得好多了。而且，當我請求對方原諒時，等於把解決所應負的責任再次推給對方。」

所以，我們是否要寬恕對方呢？當另一半發生婚外情時，如果我們表現出毫不計較、很崇高地寬恕對方，那意謂著我們覺得自己比對方更優越，因爲寬恕的同時，我們也在暗地裡矮化了對方，這對被原諒的一方的自尊來說是一種傷害，因此所謂的寬恕反而會帶來一種嚴重的後果。另一方面，道歉反而是一種釋放，讓彼此都能更如實地看見對方眞實人性的一面，打破孩子童話式的幻想，讓彼此可以更加接近眞正的對方。

有人會問：「如果我向她說抱歉，但她並不原諒、不接受的話呢？」

說抱歉的人不能要求對方一定得原諒，因爲那是對方的自由；如果要求對方必須原諒，無異是再一次將責任推給對方。道歉只能表達出我們對對方的尊重，但愧疚還是屬於自己，而且我們還是得一直背負著它，同時接下來要以更好的方式對待對方，直到重新達成彼此的平衡爲止。因此，重點是如何處理自己的愧疚？是把它卸除，或者對自己說「我願意背負這個愧疚」？背負愧疚並不會讓我們無罪，但背負罪疚卻令我們變得有力量，因此有許多好的事情可以從中產生，因爲這種方式會讓我們更謙卑、更有愛心。這就是一種有力量的新平衡。

## 流動的平衡法則

「平衡」是大自然運作的法則，也是人類天生的本能。如果別人對我們好，我們自然會對對方好，如果別人對我們不好，我們也不會想對他好。因此當失衡發生時，我們內在的本能會開始運作，極力想要朝向一個新的平衡，這種特性在兩性的相處上更是明顯。但是男女有許多差異，兩性間到底要如何平衡呢？中國的太極圖早有清楚的說明，陰陽是一個動態的平衡曲線，不是一條平等的直線，而且陰中有一點陽、陽中有一點陰，所以每個人身上都有陽性，也有陰性。因此，陰陽兩性的互動關鍵不是僵化的平等，而是**流動的平衡**。

那麼，我們要如何達到兩性間流動的平衡呢？從無數個案經驗中，我們觀察到兩性平衡的祕密：**正向回報，加一點；負向回報，減一點**。

兩性平衡有兩種，一種是正向平衡，就是當另一半對我們「好」，我們也會本能地回饋對方「好」。但除此之外，這個祕密教我們回饋回去時，要多增加一點點好。也就是，當對方對我們三分的好，我們就回饋對方五分的好，感受到我們竟然回饋這麼多好的對方，在平衡本能的壓力下也會不知不覺中對我們好一點，然後我們回饋時又再增加一點點好。這樣一來一往不斷的增加，兩性之間正向互動的循環就會持續漸增，我們也會感受到一種巨大的幸福感。

另一種平衡是負面對待時的平衡，這也是兩性互動非常重要的一環，然而許多伴侶沒有學會負面的平衡，尤其是東方社會提倡忍耐，或基督教家庭倡導原諒。但我們從數萬個個案中發現，當一方對另一方不好時，如果以壓抑或看似原諒但並非眞正原諒的方式反應，如此惡性循環，當最終情緒爆發出來時，反而更容易造成極端的失控行爲。我們都對許多人做出暴力、殺害或自殺的舉動，甚至攜子自殺的消息時有耳聞，因此壓抑或極端的報復絕不是一種好的平衡方式。

還有另一種狀況是，有些夫妻不去表達與面對彼此間的問題，反而在潛意識裡不知不覺地利用孩子牽制或傷害另一方，此時無辜的孩子便受苦了，甚至還影響到長大成人後的婚姻，這樣一來，無異是上一代的不幸延伸到下一代。

那麼，我們究竟該如何平衡兩性間負面的對待呢？祕訣就在於，當對方對我們不好時，我們也要回報回去，但特別要注意的是，回報時要減少一點點。也就是說，當對方對我們五分的不好，我們只要回報他三分的不好；此時對方有著我們對他三分的不好，但也有我們對他的兩分好，彼此的關係就不會全都是不好的感受，就算起衝突，也會因爲內在平衡本能的壓力，三分減兩分只剩一分，對方可能變成只回報我們一分不好的衝動，而我們再回報時再減少一點點，如此一來一往，最後大多是算了或眞正的原諒。這麼做，負面對待的循環就會逐漸減少，取而代之的是開始一點正面的循環。

這增加的「一點」與減少的「一點」是什麼呢？

那就是**愛**。

因此，對兩性之間負面的對待，我們也要回報回去，但記得回報時要「帶著一點愛」，這時候，我們不但眞實表達自己，又照顧到兩人的關係。因此，要圓滿兩性關係，一定要了解平衡法則，不過要注意一點，在對對方好的時候，心中請不要想著對方該如何回報我們，請自然地、毫無條件地給予。

平衡的本能可以創造滾雪球般的幸福，但也可能帶來伴侶間毀滅性的報復。一個懂得並能善用平衡法則的人，將爲自己與身邊的人帶來豐盛的幸福與自在感，因爲他會創造一個愛的循環，而這樣的愛正是服務生命的愛，因此反過來，生命也會支持這樣的愛。

## 報復與和解

伴侶間毀滅性的報復是將自己與對方一起拉向毀滅，這是一種恐怖份子的行爲，這種報復不但報復對方也報復了自己，不僅讓自己受到的傷害又多加一倍，更讓無辜的下一代的心中永遠無法和解。那麼，對婚外情如何報復比較好呢？由上述的平衡法則我們學到，當我們報復對方時，相對於他們對我們的傷害，我們要減少一點傷害，因爲這些減少的傷害就是我們對對方的愛。這麼做同時也是給自己一個自由的出路，透過這個出路，我們能生出讓自己過得更好的力量，讓對方看到我們從傷害中走出來，他並沒有辦法傷害我們，反而是我們利用了這些傷害與悲憤，讓自己的生命更上層樓，達到在沒有這些事件時所達不到的高度。事實上，只有憤怒有機會轉變成愛，就像錢幣的兩面一樣，憤怒翻過來就變成了愛，這是一股巨大的創造性能量。因此，最好的報復就是讓自己過得更好，以這種方式才可能帶來內心的和解。

和解是什麼？如同海寧格所說的：「和解，具有眞正的價値分量，而寬恕則無。這意謂著，我們允諾自己有一個新的開始，而新開始的一部分是，同意永不再回到放諸腦後的過去，過去種種譬如昨日死，今日會是個新開始。這就是和解。」

## 練習 實踐兩性平衡法則

透過上述的故事與解說，我們可以領悟到愛如果沒有智慧，將無法成熟成長；兩性間若沒有學到如何平衡互動，將永遠得不到眞正的幸福。

有人問，眞的有這種平衡法則在運作嗎？

現在，我邀請你用自己的經驗來驗證一下。

請你對你的另一半做一個實驗，但不要告訴伴侶你在做什麼：從今天開始，在這一週內刻意用平衡法則對待你的伴侶，也就是說，當他／她對我們「好」時，我們對他／她再好一點；當他／她對我們「不好」時，我們要回報但減少一點。

比如對方幫你一個忙，你就幫他／她大一點的忙；對方買個小東西給你，你就回送他／她一個好一點的東西；對方親你一下，你就回親他／她兩下等等。這「一點」不用超過太多，但是要帶著愛。

請記得祕密地進行，不要告訴對方，也不要期待回報。但是，如果你有眞正地實踐，不到一週另一半就會發現，「咦，你好像有一些改變了！」然而，請你仍繼續祕密地進行這個實驗，不要急著告訴對方。過一段時間之後，你會發現彼此的關係竟已朝向更幸福健康的方向邁

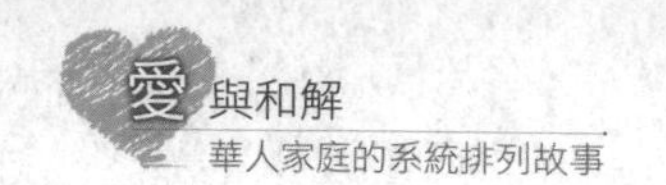


進。

除此之外，更大的好處是另一半也會開始用平衡法則對待你——即使是因爲不知不覺受到你的影響——而你們之間就有機會累積一份豐盛的幸福感！

案例

# 墮胎，我心中的痛

序位法則：每個人都要有一個位置，即使是墮胎的孩子。

台北的鳳枝今年四十五歲，她是著名高級餐飲連鎖店的拓展經理，衝鋒陷陣地為這間公司開了十幾家分店，工作起來就像無敵鐵金剛一樣，完全不需要休息。她來參加我的課程時，整個人就像機器人一般，全身僵硬、面無笑容。我問她怎麼了，她說和先生已經好幾年沒有什麼話說，雖然同住一個屋簷下卻很少溝通。

「我也不知道為什麼，兩個人好像脾氣不合，每次說話都會衝起來，結果關係越來越疏遠。所以，我把所有注意力都放在工作上，但總覺得自己的心是空空的。」鳳枝回答。

「也許妳們之間的問題，不單只是表面上所看到的。妳還愛妳先生嗎？」我問道。

這句話震到鳳枝的心，不禁自問：「我還愛他嗎？回想結婚快二十年了，當初就是看到他為人耿直才嫁給他，兩人也經歷過許多辛苦的日子，現在孩子

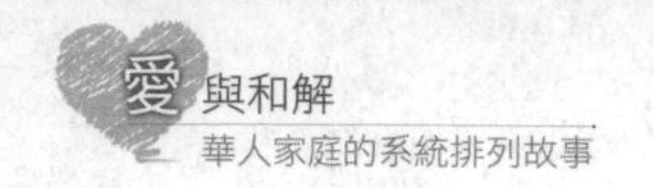



長大了，但是，我還愛他嗎？」

經過一段沉思後，她點點頭：「是的，我還愛我先生。」

「他還愛妳嗎？」

這句話又震到鳳枝的心，她停頓了一會兒後才說：「我想他應該也還愛我。」

「所以你們兩個人還有愛，但是卻難以相處。」

「是的，這也是我來這裡上課的原因。」

「好，那麼我們好好來探索一下你們之間真正的關係。請妳從參加課程的學員中，挑選兩位妳不認識的人，一個代表妳自己、一個代表妳先生。」

鳳枝聽從我的指示，選了兩個學員分別代表自己及先生。

「現在，在教室中間，把妳心中妳和先生彼此間的位置排出來。」說完，我又接著提醒她：「排的時候心要靜下來，用直覺把彼此間的位置擺出來就可以了。」

在沒有任何人打擾下，鳳枝把她和先生的距離排得遠遠的，兩個人至少相距五公尺以上。

「妳看，妳排列出來的位置，立刻呈現出潛意識裡兩個人疏遠的關係。」

鳳枝沉默地咬了一下嘴唇。

接著，更特別的事發生了，代表鳳枝的人低頭看著中間的地板，兩眼發直，就像行屍走肉一般；而代表先生的人臉卻朝外面看去，彼此都沒有看著對方。

「看到了嗎？妳一直低著頭看地板，不知道在看什麼？而先生似乎也在逃避，你們之間一定有某些事情沒有去面對。」

透過對代表姿態的觀察，我繼續問她：「妳和先生之間是否有墮胎的孩子？」

「墮胎」這兩個字像電流一樣，擊中鳳枝心裡深層的痛。她回想他們這幾年來雖然說話的次數越來越少，但是墮胎的次數……

「我們有十一個墮胎的孩子……」鳳枝低聲哽咽，眼眶泛紅，臉上一陣慘白，雙手不停搓揉著。她接著說：「我曾看過海寧格大師的DVD，其中有一位婦人說她曾經墮胎七次，海寧格告訴她那沒有救了……我墮胎過十一次，不知道自己還有沒有救？」鳳枝流下眼淚，激動顫抖著。

我緊緊握住她的手，深深地看著她：「有沒有救不是靠別人，而是靠自己。再好的專家也只能從旁協助妳，最關鍵的人還是妳自己。懂嗎？」

鳳枝停止流淚，若有所悟地點頭。

過了一會兒，我問她：「妳準備好要面對這個問題了嗎？」

她一陣沉默，沒有任何表示。

我靜靜陪伴在鳳枝身旁。就這樣過了一會兒，她帶著溼潤的眼眶與顫抖的聲音說：「好！」

於是我邀請十一位學員代表這十一個墮胎的孩子，坐在鳳枝和先生代表之間的地板上。「現在像個媽媽一樣，好好地看看這十一個孩子。」

鳳枝的眼淚有如洩洪般，嘩嘩地流了出來，她蹲下來抱住每一個被墮胎的孩子，帶著深深的愛與罪惡感撫摸著孩子的臉頰，眼淚與鼻涕停不下來。有的孩子渴望她的擁抱，緊緊抱著鳳枝哭泣；有的孩子轉過頭去，對鳳枝感到生氣；有的很平靜、有的很失落、有的很難過、有的很憤怒，每個孩子的反應都不一樣，鳳枝一個個擁抱著他們，不斷帶著愛撫摸著他們。

我引導鳳枝對他們說：「我是你們的媽媽，是我們把你們殺掉了，我們會負起這個責任和罪惡，你們是自由的。」

鳳枝發自內心真誠地對這些孩子們說出了這些

話。在場每個人看了無不動容。大家看到鳳枝的心敞開了，她開始改變了……過了半個多小時，鳳枝平靜下來，孩子們也都平靜了下來。

「現在，把這些孩子一個個放在妳的心裡。」我說。

鳳枝站起來，像一個媽媽一樣注視著她的每一個孩子，帶著尊嚴把他們一個一個放到心裡。這時候，奇妙的事發生了，代表鳳枝先生的人也開始轉過頭來看著他們，這是從排列開始以來，他們第一次看到彼此。

鳳枝對先生的代表說：「我們一起面對這件事情好不好？」

先生的代表點點頭，兩個人的距離開始拉近，最後，先生終於可以和鳳枝站在一起，面對他們墮胎的孩子。

鳳枝的勇敢拯救了自己，也拯救了她的婚姻。

在此，我們結束了排列的過程。

鳳枝問我：「回去之後，我還需要做些什麼嗎？」

我回答：「妳的心已經開始在轉變了，回去先不要急著做什麼，讓這整個過程持續在內心發酵，當妳很自然地想去做一些事情時，那會是一股從妳內在產生的力量，這時候妳再和先生談一談墮胎這件事帶給妳的感受，然後一起真心為這些孩子做一些紀念他們的好事。」

鳳枝點點頭。

我轉過頭向在場所有學員們說：「孩子是夫妻愛的結晶，當一對伴侶將他們愛的結晶摧毀時，就像把伴侶關係切斷一樣，會造成雙方連結的斷裂。只有當雙方願意共同承擔這件事情時，彼此的關係才有可能重新開始。」

幾個月之後，我在課堂上再次看到鳳枝，她變得完全不一樣，整個人都活了起來，不僅臉色變紅潤，笑容也變多了。更令人驚訝的是，她先生竟然和她一起來上課。

「這是我作夢都想不到的事，因為以前我先生很排斥我上課，但是上次上完課之後，我先生注意到我有些不一樣了，我們兩個人也談了很多關於墮胎的事情，所以這次我邀先生來上課時，他竟然答應了。我覺得真的很奇妙，也很高興。」鳳枝笑著跟大家分享。

兩年後，在一個偶然的機會下，我到台北車站附近洽公時，突然想起曾有人告訴我鳳枝在這附近開了一家健康飲食餐廳。抬頭一看，正巧前面有家餐廳，我便下車進去瞧瞧，心想如果有緣也許真的會遇到她，結果進門一看，鳳枝正在吧檯後面料理果汁！她看到我也非常驚訝，除了熱情地招呼我坐下來喝果汁，還告訴我她的近況：「那之後我辭職並休息了很長一段時間，後來決定自己開一家店，按照自己的方式來經營，而且我不再像以前彷彿工作狂般地做個不停，現在，我用自己的步調在工作。」

正當鳳枝愉快地跟我說話時，從後面廚房裡走出了一個人，你猜是誰？

竟然是她的先生！我感到非常驚訝。

鳳枝掩著笑說：「上完上次課程之後，我們夫妻比較有話說了，感情也變得比較好，我說我要開店，他竟然主動說要來幫忙。」

她先生也笑著端了一碗湯給我：「周老師好，這是我們家的招牌綠豆薏仁湯，請你喝！」

## 墮胎對伴侶的影響

鳳枝原本認爲她和先生的問題是出於脾氣不合及溝通

不良，但是經過更深層的探索才發現，原來是他們不願意承認被墮胎的孩子，也不願意面對事實與責任，因此摧毀了夫妻間親密的關係，更影響了自己的身心健康。「墮胎」也許是伴侶間最禁忌的話題，但它卻是從伴侶最親密的行爲開始，因此接下來，讓我們好好思索有關「墮胎」這件事與它帶來的影響。

夫妻的連結如同「月老牽的紅線」，而孩子便是這條紅線的延續，如果因爲人爲的決定將孩子墮胎，就像拿刀將紅線切斷一樣，伴侶關係也會因此斷裂。

墮胎後，我們無法當作什麼事都沒發生一樣欺騙自己，因此伴侶間的感情不再單純。如果是尚未結婚的伴侶，墮胎後百分之九十以上會分手；如果是已結婚的夫妻，墮胎往往引發離婚、婚外情、莫名爭吵，或是關係疏遠、貌合神離、各過各的生活等狀況，由此可看出，墮胎對伴侶關係有相當大的殺傷力。

另外，墮胎對夫妻雙方的身心健康也會造成影響，對女性來說，墮胎就像在心頭上刮了一塊肉般，造成心中的一個空洞，進而產生莫名的空虛、憂鬱感，有些人甚至關閉了某些感受，例如鳳枝在無意識裡使用的方式就是奮力工作、不去感覺，彷彿工作可以填補這些空虛一樣，但是她並沒有成功，最終並無法眞正填補內心的空洞。好比拼圖，每塊拼圖都有它專屬的位置，無法以其他東西取代，鳳枝心中這些空洞的位置屬於那些被墮胎的孩子們，直到最後她終於勇敢面對眞相並承認自己所做的事，重新在心裡給這些孩子所屬的位置時，心裡的空洞才能被塡補；與此同時，鳳枝與先生開始交換對這件事情的內心感受，並爲他們的孩子們做許多許多好事情，唯有透過這樣，夫妻才能圓滿地重新開始。

## 伴侶該如何面對墮胎

俗話說：「百年修得同船渡，千年修得共枕眠。」能成爲夫妻是經過千年努力才得來的，而孩子會成爲我們的孩子更是珍貴的緣分，如果墮胎了，我們該如何圓滿這段緣分呢？

**首先，夫妻要共同面對，負起所有的責任。**

我再強調一次是「共同」，而不是只有太太或先生很難過，自己偷偷跑去用一些宗教儀式把孩子送走，甚或認爲這是嬰靈，所以要除掉、趕走等等，這些都是錯誤的觀念，無法讓夫妻與孩子間達成眞正的和解。

想想看，如果這個孩子生下來，他就是我們的孩子，我們愛他都來不及了，爲什麼當我們把他殺掉之後，反而覺得他是不好的東西？會這樣想是因爲我們不願意面對罪惡感，不願意爲自己所做的事負責，因此夫妻關係勢必會出現危機，唯有夫妻願意共同面對，事情才能有所改變。

**第二，彼此交換對墮胎的感受，把難過說出來。**

彼此說出內心對墮胎這件事的感受非常重要，例如可以對另一半說：「我有時候還是會想起這件事，它總是讓我感到很難過。」或者：「我一直爲這件事情感到內疚，不知道怎麼做比較好？」

用這種方式眞正讓對方開始知道自己的感受，這不僅是健康地面對自己，同時對關係也有正面幫助。當雙方開始交流彼此的愧疚與難過，並一起思考如何共同承擔時，夫妻關係就能重新修復，甚至有可能變得更好。

但如果是已經分手的伴侶，對以前墮胎的孩子該怎麼辦呢？同樣的，他們曾是我們的孩子，就算沒有機會共同面對，還是要把他們放到心裡，雖然和伴侶的關係已經結束，但這麼做對我們自已的身心、對孩子而言都會帶來一種完整的感受。

**第三，為他們多做一些善事，共同在心裡給孩子一個位置。**

我們如何在心裡給這些孩子一個位置呢？舉例來說，國外會爲孩子種一棵樹，當然我們也可以做一些紀念性的活動、在特別的節日買禮物送他們，把他們當成眞正的孩子一樣來看待。當夫妻共同出遊時，不妨在心裡對孩子們說「爸爸媽媽一起帶你出來玩」、「這是爸爸媽媽相遇的地方」、「這是我們把你帶到媽媽肚子裡的地方」等等；並且以他們的名義多做些善事，像是捐錢、資助貧窮地區的孩子、到孤兒院擔任志工，我們可以帶著另一半一起做這些事，同時在心裡告訴他們「這是爸爸媽媽爲你做的」；或者也可以透過宗教儀式爲他們祈禱及超渡。總之，就是用健康的方式讓孩子們感到幸福與平安，以一顆祝福的心對待他們並爲他們做許多好事，眞正像一個爸爸、媽媽一樣地愛他們。請千萬記得，重點不在於形式，在於我們的心。

## 墮胎對男性的影響

我們常因爲墮胎是在女性身體上進行手術，便從而忽略墮胎對男性的影響。美國有一本書專門研究墮胎對男性的影響，發現事實上除了生理層面的差別外，墮胎對男性在心理層面的影響跟女性是一樣的，男人一樣會產生愧疚、憂鬱、封閉與內心空虛感，只是有些男人表達情感的能力較弱，或者比較不善於用口語說出來，但是男性仍會以不同的方式表達。

例如我在實務工作中發現，有的男人會在不知不覺中用工作、宗教、酒精、金錢或物質填補那個空洞，有的男人甚至會用失敗來補償墮胎的罪惡感，無意識地讓自己的事業無法順利、無法眞正享受富裕與成功的成果。爲什麼呢？因爲所有外在的成就都無法填補內心裡隱約的空虛，除非我們願意在心裡給這些孩子一個位置，才能再次擁有那種豁然開朗的完整。

## 墮胎對孩子的影響

墮胎可能會影響活著的孩子對父母的信任，孩子可能會承接到父母親不要他們的情緒，因而產生疏離和不信任，最嚴重的狀況是認同死去的兄弟姊妹，因此容易生病或不吃東西。

然而當我們用健康的心態對待墮胎的孩子時，對活著的孩子會很有幫助，因爲活著的孩子會知道父母願意爲自己的行爲負責，孩子不僅能從父母身上學到什麼是責任，當父母願意給所有孩子——不管發生什麼事情——在心裡都有一個位置時，孩子會感到一種特別的安定感。父母不需要特別告訴活著的孩子所有細節，重點不在於孩子知不知道這個訊息，而是在於父母的**態度**，例如告訴孩子時，讓孩子感覺到父母眞的把墮胎的孩子放到心裡面，這樣一來孩子會感受到父母的愛，這樣的方法便是適當的。相反的，如果父母親對這些孩子還沒有愛，還沒有真正把他們放到心裡，或者想告訴孩子這件事只是爲了分散自己的罪惡感，覺得孩子可以幫父母分擔，這樣就不適合告訴孩子。

當我們帶著一種愛與健康的態度對待墮胎的孩子時，活著的孩子在不知不覺中也就自由了，因爲活著的小孩不會因爲自己還活著而感到罪惡、孤單或憤怒，也不會害怕自己是否會跟兄弟姊妹一樣被爸媽拋棄，於是他們可以自在地回到兄弟姊妹裡屬於自己的序位。

## 如何與另一半溝通

有時候，另一半不願碰觸這個議題是因爲內心的罪惡感，或因爲不知如何面對，所以乾脆封閉，或用頭腦的解釋來忽略自己所犯的錯。此時我們要先敞開自己，好好說出自己對墮胎的內心感受，不是去爭論孩子的大小、是否有生命，因爲這些都只是頭腦的防衛；我們要做的，是先眞誠地讓對方知道我們的感受，並詢問對方：「你心裡對這件事曾經覺得難過嗎？」、「我想讓心裡好過一點，我們一起爲這些孩子做點事好不好？」

我們不需要強迫對方，根據經驗，當太太和先生開始討論這件事，彼此才有溝通的機會、討論感覺的機會，並進一步眞正地看到對方，如此才有可能重新建立新的關係。當我們用健康的態度面對墮胎的議題，即便心裡會感到罪惡，但這是健康的罪惡感，因此重點在於面對事情的態度，我們是否發自內心地溝通？如果不是，就得付出該付的代價，直到我們學會爲止。

同時請記住：所有的罪惡終有結束的時候。當我們面對這些事情後，也要在適當的時間點讓它結束。有的人需要五年、八年，有的人更長，每個人面對的時間長短不一，但是最後我們也要放下，讓這些孩子可以眞正的安息。

## 內在排列：為墮胎的孩子祈禱

一個孩子會降臨到我們身上，那是非常難得的緣分，那些孩子的死不應該白費，我們要從孩子付出的代價學到重要的功課，我們要讓未來的生活過得更加美好，這樣才是對這些死去的孩子最大的尊重。

有一種系統排列的方式可以自己在心裡做，我稱它爲「內在排列」，只要我們能專注下來、回歸中心，透過想像或自我的引導，它的效果與找人擔任代表進行排列是一樣的。現在我邀請你一起來進行內在排列，爲墮胎的孩子祈禱，爲你自己墮胎過的孩子祈禱，如果你沒有墮過胎，那麼請爲你那些被墮胎的兄弟姊妹或家族中被墮胎的孩子們祈禱，祝福他們平安。

讓我們向上提昇　向上提昇
提昇到一個更高　更高　更高的境界
在那裡所有的人都是被愛的
所有的孩子在那裡都是被接受的

我們來到這個更高　更高的境界
看到我們的前面
是我們家族裡曾經不幸被墮胎的孩子們
帶著愛　看著他們
不管他們是我的孩子
我們的兄弟姊妹
所有我們家族裡這些不幸的孩子
好好看著他們
他們沒有辦法像我們一樣活下來
讓我們帶著愛看著他們
看到這一群孩子們

對他們說

「親愛的孩子們
現在我看到你們了
我們把你們殺掉了
我們願意負起這個責任與罪惡
你們是自由的
雖然你們來到這個家的時間很短
但是你們是我們家的一份子
現在我在心裡給你們每個人一個位置

很可惜你們沒有辦法活下來
而我們卻活了下來
我們從你們的死亡裡得到好處
你們所付出的代價不會白費
我會讓未來過得更加美好　更加成功
我會跟你們分享我的成功　我的快樂
分享我心中的平安

也請你們祝福我
如果我能夠擁有我自己的孩子
如果我的孩子能健康活下來
請你們保護他

親愛的孩子們

現在我把我的愛留給你們

祝福你們不管在哪裡

都能夠平安　喜悅」

現在讓自己看得更遠　更遠

讓視線超越這一群孩子

看到在他們背後更高　更遠的地方

那裡是生命的源頭

你可以想像在那裡散發著無限巨大的　金色光芒

金色的光　白色的光

充滿喜樂　充滿祝福的光

那裡就是生命的源頭

我們看著我們的孩子們

開心地朝向這個生命的源頭

回到他生命來的地方

帶著我們的祝福

回到這個金色的　白色的光裡

「親愛的孩子　我祝福你們

親愛的孩子　開心地走吧」

向他們揮揮手或鞠個躬

開心地送他們一程

看到他們融入這個金色的　白色的光裡

無限巨大的生命源頭之光

然後我們帶著這份平靜　這份喜悅

回到當下

完成這個內在排列後，接下來我們可以為社會上需要幫忙的孩子做一些善事，這對我們的人生是另外一種提昇，因為我們的愛有一個方向可以流動，也就是朝向對我們自己、對孩子、對我們的家，還有對我們的社會都更好的方向流動。

案例

## 囍，背後家族的助力與阻力

結婚不是兩個人的事，而是兩個家族的連結，如果夫妻尊重彼此的家族，你們的家族就會變成支持的力量，這段婚姻才會感到是受祝福的。

守義是個很優秀的男生，卻又因其特立獨行的思考常令人感到古怪，他曾是某間名校的博士生，但讀到一半便休學說要尋找真正的真理。在尋尋覓覓、歷經各式各樣的修行法門與成長課程後，年近四十歲的他來到我這裡。

「你找到你的真理了嗎？」

「沒有，但是我想找個女朋友。」

「喔！恭喜你！你離真理更接近了！」我笑著逗弄他。守義露出羞窘的表情。

「真的，我是說真的。蘇格拉底就是個實例。」

他尷尬地摸摸頭。「我交過幾個女朋友，但是時間都不長。我想要有長期的伴侶關係。」

我收起逗弄的笑容：「好，我們來看看是什麼阻礙著你。」

我請守義站起來，找個人代表「未來有緣在一起的女生」並站在他的前面。當守義面對著這位代表時，很明顯地可以看到他信心不足，不僅舉足不前、搖搖晃晃，連帶也讓這個有緣在一起的女生往後退縮。

「嗯，男性祖先的力量不太夠。」我說道，接著問：「家族中的男性祖先們，曾發生過什麼特別的事情嗎？像是你的父親、祖父或曾祖父輩？」

守義回答：「嗯……我的祖父和曾祖父好像年輕時就不在了，外曾祖父的狀況我更不清楚，家裡很少提。」

我請幾個人分別代表守義的祖父、曾祖父與外曾祖父，把他們排列進來。當他們站定位時，奇怪的事情發生了，守義一看到他們，不知怎地突然跪在地上痛哭起來，他的情緒萬分激動，但那不是悲傷的哭泣，反而是一種彷彿找到什麼人或什麼東西的喜極而泣。

「也許這就是你一直在尋找的『真理』吧！」我說。

在這陣喜極而泣之後，我把守義的父親、祖父、外祖父、曾祖父、外曾祖父和曾曾祖父都排出來，請他們站在守義的背後。這群男性祖先們就像生命的傳承一樣，一代一代把生命傳了下來，在男性祖先們的力量支持下，守義開始感覺到背後那生命傳承的力量，以及作為一個男人的力量。他站直了背、挺起了胸膛，然後抬頭挺胸地慢慢靠近站在前面的有緣女生，而這時，有緣女生的代表也願意讓他靠近了。

我叮嚀著：「記得這個力量，記得你背後一代代父親們的力量。要永遠記得，等你未來遇到有緣在一起的女生時，想起這個身後的力量，然後朝向她。記得了嗎？」

守義堅定地點點頭。

一年之後，守義帶了子萱來上我的課。子萱長得落落大方、溫柔婉約，未料卻是陸軍部隊裡的隊花，更是擒拿術和柔道高手。守義說他們已經交往半年多了，彼此很愛對方，他們希望能夠結婚，但子萱的母親卻極力反對。兩人想盡辦法說服她，但不管怎麼說，她都不贊成這樁婚事。

「我媽媽甚至說，如果我們真的結婚，她是不會出席的！」子萱紅著眼眶說。

「好吧！我們來看看這段緣分該怎麼圓滿。」我回答。

我請幾個人分別代表守義、子萱，還有子萱的媽媽。當子萱媽媽的代表一站出來，便看到她一直往遠方望去，並朝著那個方向走。

我問子萱：「妳知道媽媽的家庭狀況嗎？」

她回答：「媽媽和爸爸離婚了，外公跟外婆好像也處得不好。」

「妳們家上兩代的婚姻似乎都不順利。」

「是的。」

我將子萱的爸爸與外公、外婆的代表加進來，不久便看見外婆對外公很生氣，所以離這個家遠遠的，也看見子萱的媽媽從頭到尾都不看她的先生，只想朝著離家的外婆走去，最後甚至走到外婆身邊跪下來拉住她。

「我們現在知道，為什麼妳媽媽不贊成這樁婚事了。」我看著排列說道。

子萱點點頭。「我媽媽從小就得不到外婆的愛，外婆很辛苦。」

「是的，妳媽媽很愛妳的外婆，甚至想跟著她離開這個家，而妳媽媽會和爸爸離婚，也是她對外婆表示忠誠的方式。」

接著，我請子萱對她的媽媽、外婆深深地鞠躬，之後再請子萱對她們說：「我看到你們的命運了，我知道你們在婚姻裡受苦，也知道夫妻在一起並不容易，但是我會努力，也請你們祝福我。如果我的婚姻狀況跟你們不同，如果我可以擁有自己的幸福，請你們祝福我。」

子萱流著眼淚，對她的媽媽及外婆這麼說，只見媽媽與外婆抱著她，祖孫三代緊緊抱著哭泣。

的確，如果家族中的女性長輩們對婚姻都有一種不信任感，也都在婚姻裡遭受不公平的待遇，那麼這個家的後代女性出自於對女性長輩們的忠誠，往往很容易承受相同的感受，甚至發生相同的婚姻模式。

當三人結束哭泣後，我請守義向子萱的父母鞠躬，並向他們保證一定會好好照顧子萱，但是子萱的媽媽連看都不看他一眼，照樣緊緊抓住子萱。

情況就這樣僵持在那裡，耗費不少時間，眼看著就快沒希望了，突然間我靈感一來。

「看來，這段姻緣需要加入一些支持的力量。」我說。

我把守義的父母代表加入排列，請他們對子萱的媽媽、外婆與舅舅等家人表示善意，保證會好好照顧這個媳婦。最後，子萱的舅舅第一個接受守義，子萱的媽媽隨後也受到影響，慢慢地終於可以接受這個女婿了。

即使現場只有守義和子萱，我還是請他們把整個過程放進心裡。

「這段邁向婚姻的路途需要一些努力，但難得的是，現在你們知道努力的方向了。」我鼓勵他們，然後對守義說：「你必須好好地用事實證明子萱跟你在一起會是幸福的，這樣才能讓子萱的父母相信你，同時記得，你的父母將是你們能否成婚的一大助力！」

接著我又對子萱說：「即使妳的母親對婚姻失望，也無法信任男人，但她最終仍然希望妳過得幸福快樂。」

子萱和守義感激地點點頭。

過了一年，我收到一張喜帖，打開一看竟是守義和子萱的結婚喜宴。他們請我一定要出席，還特地安排我坐在新郎新娘與雙方家長的主桌，我很高興地答應了。到了現場，讓人更高興的是，我看到子萱的媽媽也出席了，雖然長得瘦瘦小小，但一看就知道她歷盡風霜，從那雙眼裡可以看見她的堅強；與此同時，我也看到守義的媽媽親切地攙著子萱媽媽的手，一起到各桌敬酒。現場軍歌聲此起彼落、氣氛歡樂無比！

一年多後，我收到守義和子萱寄來的相片，他們的孩子出生了，是個小女嬰，圓圓胖胖的好可愛！

「家族，可以是牽絆的力量，也可以是支持的力量，端賴我們是否領悟愛的法則。」這是我從他們身上深深感悟到的。

## 愛的忠誠與良知

所謂的「忠誠」，就是孩子會做出跟父母相同的事，或是跟家人相同的事。

只要觀察孩子一陣子，就會發現孩子想和爸爸媽媽穿相同的衣服、吃相同的東西、說相同的話、做相同的舉動，藉此表示他跟父母是同一國的。此處所說的孩子並不侷限於年紀小的孩子，而是相對於父母而言的孩子，因爲就算是長大成人，一樣會有這種「忠誠」，當這種忠誠出現時，大人就變成孩子。

這是潛意識的嚮往，我們以爲透過相同的行爲，可以保持「和父母連結」，保持「和家人是同一國」的歸屬感。海寧格稱這種潛意識的心理現象爲「良知」，這種「良知」乃是出自於孩子對家人的愛，但很可惜的，這種愛是盲目的愛，不是成熟的愛，因爲孩子會誤以爲只要發生和父母相同的命運，就可以維持與父母間的連結，甚至盲目地爲父母犧牲以表現對父母的忠誠。但是，孩子萬萬沒覺察到這種愛的方式，反而會讓父母親的不幸重複到下一代，例如父母親的婚姻失敗，孩子有可能在無意識裡跟隨父母，讓自己的婚姻同樣失敗觸礁，就像前面的例子，從子萱的外婆、媽媽到她，婚姻都不成功。

要如何才能突破這個重複的宿命？答案是孩子要有勇氣承擔罪惡感，即使父母親婚姻不幸福，我們也要讓自己的婚姻幸福。

這需要勇氣，因爲有些孩子害怕一旦這麼做，好像會對不起父母、對不起自己的家族，但事實上不然，因爲不管孩子做什麼事情，孩子與父母的連結是生命的連結，是一出生就擁有的關係，那是無法否認的事實。即使口頭上說要切斷父子關係、母女關係，但事實上我們仍舊是他們的孩子，他們仍舊是我們的父母，這項生命的事實是不會改變的。

孩子如果可以了解這一點，就能好好地發揮自己的生命，用成熟的愛來報答父母親，讓自己過得更幸福快樂，因爲這才是天下父母最希望看到的事。這就是一種愛的智慧。

## 流動法則：聯繫背後男性與女性祖先的力量

當男人與男性祖先們的力量聯繫上，將成爲眞正的男人吸引異性；同樣的，女人若能夠與女性祖先們的力量聯繫上，將成爲更有魅力的成熟女人。「異性相吸」如同這世界的陰極與陽極、正極與負極，是非常自然的吸引力量，前面的故事實例讓我們了解到，當當事人背後的男性力量中斷時，就算想擁有長久的兩性關係，此時的他也只是一顆小磁鐵，對想進入長久關係的異性來說，吸引力是很弱的。然而，一旦聯繫上背後男性祖先們的力量，他會開始像一個男人並更有自信，而未來有緣的另一半也會馬上覺得他更加成熟且具有吸引力，願意讓他靠近。

若一個男人希望進入長久的夫妻關係，從男孩轉變爲男人、受到女人的尊重與信任的話，很重要的一點是必須尊重他的爸爸們，聯繫上男性祖先的力量。如此一來，他才會尊重女人，女人對他也才會更尊重與信任、才會想和他進入長久的夫妻關係。

同樣的道理，一個女孩要如何轉變爲一個女人呢？她必須尊重她的媽媽，連繫上女性祖先們的力量，這樣男人才會對她更信任，也才會吸引到那些眞正想和她進入長久夫妻關係的人。

因此，身為一個「男孩」或「女孩」時，可以交很多男女朋友或發生短暫的關係，卻很難建立穩定長久的夫妻關係，除非他變成「男人」、她變成「女人」才有可能，因為當男孩與家族中男性們的力量連結上時，他不再只是個單獨的男孩，他有背後一群男人們的力量，就像連結上一長串的磁鐵，這股吸引力是生命賦予男女的吸引力。如果我們能在最遠的末端連結上生命的源頭，整個人的身心會產生一種扎根在生命裡無限穩定與遼闊的感受，並準備好進入長久的關係，願意共同為生命做一切的服務。

## 內在排列：連結生命的源頭

「連結生命的源頭」這個內在排列非常好，不只能幫助想建立長久穩定伴侶關係的人，當我們需要更大的支持，或面對事業、工作與生活上重大的挑戰時，也非常有幫助。以下的練習可以自己默念，或請人引導。

請以一個端正的姿勢坐著
雙腳感覺大地的支持
回到你的中心
想像你的父母站在你的後面
你的爸爸和你的媽媽

想像他們的樣子

在你的父母後面站著他們的爸爸媽媽

也就是你的祖父祖母外公外婆

再往前推溯

在他們的後面也站著他們的爸爸媽媽

也就是你的曾祖輩

就這樣

每一個人背後都站著他們的爸爸媽媽

一代一代往前推溯

往前推溯到你的先人們　祖先們

每一個人背後都站著他們的爸爸媽媽

在你的背後站著千千萬萬代的祖先們

往前推溯

繼續往前推溯

你可以感覺在你背後站著無數的人們

往前推溯

繼續往前推溯

最後推溯到生命的源頭

你可以想像那是無限巨大的光明

金色的光　白色的光

超越時空　無限燦爛

那裡是生命的源頭

你可以想像生命透過光的連結

進入背後你的祖先們的心

生命就這樣一代一代傳下來

傳給你的祖先們

傳給你的先人們

生命以它的原貌　不增不減

一代代傳下來

傳給你的曾祖輩

祖輩

你的爸爸媽媽

最後

傳到了你身上

感覺生命之光流入你的心

感覺你背後站著無盡無數的先人們

生命之光流經他們的心

最後傳到了你身上

記得這個畫面

記得

CHAPTER 3

# 父母關係

汝等當知，我今為汝分別解說：假使有人，左肩擔父，右肩擔母，研皮至骨，穿骨至髓，遶須彌山，經百千劫，血流沒踝，猶不能報父母深恩；假使有人，遭飢饉劫，為於爹娘，盡其己身，臠割碎壞，猶如微塵，經百千劫，猶不能報父母深恩；……假使有人，為於爹娘，吞熱鐵丸，經百千劫，遍身焦爛，猶不能報父母深恩。

——佛陀《父母恩重難報經》

## 生命：最珍貴的禮物

當父母親給予我們生命，讓我們可以來到這個世界，這便是父母能給我們的最好禮物。他們已經爲生命做了他們所能夠做的事情，讓生命傳承到這個世界上。如果父母給我們更多的照顧，這些是額外給我們的，假使孩子沒有看到這個生命是如此珍貴，眼裡只看到那些沒有得到的部分，認爲父母做得不夠、應該做得更好的話，孩子會陷入失望和無法滿足的狀態，這個狀態會影響一輩子，讓我們越來越貧乏、失落，最後走向失敗。

的確，有時有些孩子沒辦法從父母身上獲得太多的愛和照顧，但是孩子總會從其他人的身上得到，比如從祖父母、外公外婆、親戚或其他照顧者，否則我們早就不在這裡了。因此，事實是我們已經得到「足夠的」了，當我們要求那些過去沒有得到的愛，把注意力放在那些沒有得到的愛上，我們的內心會變得越來越貧瘠，因爲我們忽略了我們所擁有的，此時我們在自己的心裡創造一個黑洞，不但把自己的幸福削弱，連身邊人的幸福感與快樂感，也會被這個黑洞所侵蝕。

那個黑洞是什麼？就是我們心中空缺的父母。當我們沒有在心裡給父母位置時，心就會變得空虛；當我們批判或否定父母的同時，也否定了自己生命的源頭，讓自己好像變得比父母更大、擁有更高的位置一樣，而這些都違背了家庭的「序位法則」。

如同印度成道者奧修所說的：「你的一半是來自父親，一半是來自母親。因爲他們，所以你在這裡；沒有他們就沒有你……你必須覺察到這點。」我們也許不一定認同或喜歡父母的行爲，但如果只因爲父母的行爲就否定他們的身分，等於是把自己與自己的根切斷，這只會造成內心更大的空虛與家庭更大的失序。

然而相反的，如果可以重新覺察到，我們只能從我們的父母身上得到最珍貴的生命——因爲有這個生命我們才有機會學習、感受，才有機會經歷這麼多美好的事物，甚至才有機會成長開悟，就連偉大的釋迦牟尼佛也讚嘆「父母恩重難報」——所以，我們不但要報答父母，看到父母已經給我們豐富的一切時，更要在心中尊重父母的序位。這麼做，我們的內心會充滿幸福，因爲能知道自己幸福的人，才能眞正幸福；能報答父母恩惠的人，心中才能眞正平安。

案例

# 爸爸，其實我很愛你——單親家庭

真正的幸福是從尊重父母如是的樣子而來，希望父母變成另外樣子的孩子是無法真正快樂的，所以有些人永遠保持在抱怨或作夢而長不大的狀態。

自單親家庭長大的阿雄，在老婆的鼓勵下來到工作坊，目標是要好好「認識自己」，他還笑著補充：「因為我們這段時間常吵架，老婆覺得我有人格分裂，哈哈！」

自嘲之後，他說起自己的故事：「我今年三十歲，小時候很封閉，至今周遭沒有一個人能了解我。我父親有外遇，所以我非常痛恨他……」

即使知道父親在結束第三段關係後選擇自殺，但阿雄仍然用「痛恨」兩個字來表達自己對父親的不滿。然而，畢竟親子連心，阿雄坦言父親自殺後，他和弟弟心中都出現陰影，甚至曾興起自殺的念頭。

我嚴肅地問他：「如果你自殺了，對事情會有幫助嗎？」

阿雄沉默不語。

過一會兒，他突然帶著憤怒的語氣說：「那他自殺就有幫助嗎？他一點都不負責任！」

我回答道：「是的，他自殺沒有幫助，同樣的，如果你自殺會有幫助嗎？而且你的孩子是不是也會跟你一樣，有相同的感受？」

「我心裡真的很矛盾、很衝突，如果沒有太太和孩子，我真的不知道會變成怎樣。」阿雄的語氣中充滿激動與無奈。

「的確，如果你的父母如此對立，你的確會感到很矛盾、很衝突，但為了你自己和你的家人，你願意把握這個機會好好地整合自己嗎？你願意嗎？」

阿雄試著點點頭，但我知道他心裡肯定天人交戰著。

就這樣，我邀請兩個人代表阿雄內在的兩個人格，一個是「孤獨的心」，一個則是「依靠母親的小孩」；同時也找了四個人分別代表阿雄的父母及妻兒，將他們也加入排列。

當所有代表們站定後，我們看到阿雄內在的兩個人格遠遠地相隔兩端、遙遙相望，如同阿雄的父母分開兩處。「孤獨的心」不時望向父親，對父親有著靠近的渴望，「依靠母親的小孩」則一直陪在母親身邊；阿雄的妻子站在一旁期待阿雄的關注，兒子則面朝向「孤獨的心」。

我說道：「你內在的兩個人格的確是分開的，而且一個想跟著爸爸，一個想跟著媽媽。」

阿雄咬咬牙，專注地看著。

我繼續問道：「你媽媽都怎麼談你爸爸？」

「她很恨他，恨他在外面有女人，常常不在家。從小我就和媽媽相依為命，他對媽媽很不好，他是個不負責任的男人，我也恨他。」

我指著排列裡的代表說：「看到了嗎？代表你內在的兩個人格，正像你父母之間的分裂。雖然表面上你一直在指責爸爸，但內在的一個人格卻非常渴望爸爸，而且像爸爸一樣離開了這個家；另一個人格卻對媽媽很忠誠，一直陪在媽媽的身邊。如果你沒辦法和父母和解，你兒子也會像你一樣，這種父母分開後產生內在衝突的模式，會再次出現在下一代身上。」

的確，排列中揭露出這樣的狀態，尤其在阿雄的兩歲兒子加入排列後，他也選擇靠近阿雄「孤獨的心」，兩眼卻在阿雄的父母之間游移不定，這表示阿雄的兒子也開始被這種分裂的信息影響著。

「處在這種分裂的家庭裡，所有的孩子都會感到分裂，包括你和你的孩子都是。你準備好面對你父母的關係了嗎？」

為了孩子，為了自己，阿雄肯定地點頭。

我對他說：「你捲入了父母的戰爭，如果沒有回到自己的序位，你的內心將永遠是分裂的。」

「那我該怎麼做？」

「首先你要向媽媽告別，從爸爸媽媽的戰爭中撤離。」

於是阿雄紅著眼眶，跟著我說：「媽媽，我知道妳很辛苦，謝謝妳的照顧，謝謝妳為我所做的犧牲……」他跪在母親面前，勇敢地說出：「對不起，我無法承擔妳對父親的憤怒，畢竟我始終是他的兒子。」

媽媽抱住了阿雄，兩個人都哭了起來。

「媽媽，現在我要去找爸爸了……」

在聽完這一段話之後，原本自殺而死不瞑目的父親慢慢安靜地躺下來，像是多年的心結終於漸漸鬆開了。

阿雄走到父親面前，誠實地表達出心中的憤怒，同時也哽咽不捨地說著：「一直到你自殺，我才願意接受你……哇！哇！哇……」他忍不住地抱頭痛哭。

畢竟，每個孩子的生命都是從父母那裡來的，即使心中有再大的憤恨，親子之情仍是切不斷的。

阿雄跪在地上，流著眼淚一句接一句。

「爸爸……爸爸……爸爸……」

不知道這是阿雄多少年來渴望的呼喚？

「爸爸……爸爸……」

他已經好久沒叫爸爸了。

「爸爸……爸爸……」

過了一段時間，阿雄的情緒漸漸平靜下來。

我引導著阿雄說：「你是我唯一的爸爸，請你重新接受我這個兒子。」

阿雄：「你是我唯一的爸爸，請你重新接受我這個兒子。」

「告訴你爸爸，你已結婚了。」

「爸爸，我結婚了，現在我也有兒子了。」

我引導著：「如果我的婚姻跟你們不一樣，請你祝福我。」

阿雄：「如果我的婚姻跟你們不一樣，請你祝福我。」

然後，阿雄跪在爸爸身邊，抱住他好一會兒。多年後重逢，卻又要在死中告別。

阿雄：「爸爸，現在請你安息吧。」

「我愛你。」

最後這句話，阿雄說得特別慢、特別有感覺，他心中的對立衝突慢慢一點點地和解融化了，取而代之的是愛，成熟的愛。

終於，我們看見代表他「依靠母親的小孩」跪了下來，也看見那「孤獨的心」願意靠了過來，這兩個分裂的人格終於彼此靠在一起。然後，他們也一起靠近妻兒。

「有些事情必須到死才能夠和解，但如果事情到死都還不能和解，就真的很可惜了。」我有感而發。

所幸，這裡沒有可惜的事發生，因為很快地，阿雄的兒子便感覺到「開心」！

真的，很開心，因為阿雄一家人終於可以自然地相互擁抱，洋溢著喜悅、接納後的幸福，特別是阿雄，他因為愛他的媽媽而捲入父母的戰爭，一方面想幫媽媽承擔憤怒，另一方面又渴望能靠近父親；於是他內在的一個人格想依賴母親，另一個人格卻又想獨立。這種分裂已影響到他現在的家庭生活，影響到夫妻關係與親子關係，經過這麼多年的受苦，為了妻兒、為了自己，他終於勇敢地面對心中最深的悲痛，重新回到屬於自己的序位，整合了分裂的自己。

## 序位法則：從盲目的愛轉變為成熟的愛

當孩子看到父母吵架、分開時會無比難過，所以很多孩子暗地在心裡想著「以後我一定不要跟父母一樣」。但很奇怪的，雖然頭腦這樣告訴自己，可是爲了不要和父母一樣，他會很認眞觀察父母的行爲，當他觀察得越仔細，腦袋就記得越清楚，等到以後有自己的伴侶時，有意無意間，他便做出與父母親相同的行爲。這是爲什麼？這其中有一個隱藏的心理，那就是孩子對父母親的「忠誠」。

這種「忠誠」就是系統排列中常見到的動力：「我會跟隨你」、「我會做出跟你們相同的事情」。如同前面提到過的，只要觀察孩子就可以知道什麼是忠誠，例如爸爸穿什麼衣服，孩子就要跟他一樣，媽媽吃什麼東西，孩子也要跟她一樣；透過和父母做相同的行爲，可以保持與父母的連結，保持「我們是同一國」的想法，但是，孩子這種想要保持同一國的力量，卻也讓他／她重複了與父母親相同的命運及事件。

再者，如果父母是對立的，那麼孩子內在的衝突就更大了，因爲一半的他要對爸爸忠誠、另一半的他要對媽媽忠誠，他的內在會因此產生極大的分裂與對抗。這種無意識的行為出自於孩子對父母的愛，但這種愛是盲目的愛，是不成熟的愛。對孩子來說，他們誤以為和父母發生相同的事，就可以維持與父母間的連結，卻沒覺察到這種愛的方式會讓父母的不幸不斷重複，從他們這一代重複到下一代。

因此，如果父母的婚姻不幸福，孩子想要有幸福的婚姻就會遭遇挑戰。當然幸福並不是不可能實現的，只是該如何突破這個挑戰呢？這需要足夠的勇氣和智慧，第一，孩子要能尊重父母的互動方式，並有勇氣退回到孩子的序位，因為當他太靠近父母時，無意識裡便容易捲入父母之間的問題，所以孩子勢必要退回到屬於自己的序位。

第二，孩子要打破藉由重複與父母發生相同的事，就可以保持跟父母連結的迷思，是以身為孩子的我們要下定決心，即使父母不幸福，我們也要讓自己幸福。這對某些人來說可能很不容易，因為孩子會覺得自己背叛了父母、會感到罪惡感，害怕自己好像會脫離父母，但其實不然，這反倒是孩子感謝父母的最佳方式，也就是善用父母所給予的生命，讓自己過得更好。海寧格有句名言：「罪惡感是成長必須付出的代價。」如果孩子可以突破這個罪惡感，就能將原本盲目的愛轉變為成熟的愛，也就是「即使我過得幸福快樂，我還是跟父母保持著連結」。

不管孩子做什麼事情，孩子與父母的血緣關係是無法切斷的，就算口頭上說要切斷父子關係，但事實上我們仍舊是他們的孩子，他們仍舊是我們的父母，這個事實是不會改變的。我們如果能從這一點醒悟，就可以好好發揮自己的生命，讓自己也過得幸福，用這種成熟的愛來報答父母、孝順父母；而對父母而言，這也是他們最樂於看見的。一如孔子在《孝經》中說：「身體髮膚，受之父母，不敢毀傷，孝之始也；立身行道，揚名於後世，以顯父母，孝之終也。」當我們過得更健康快樂、幸福成功，當我們把父母給我們的愛傳給下一代，用這個生命來做許多好事、造福人群，讓父母以我們爲榮，孝的本性便得以發揮，我們與父母的關係便得以圓滿。

案例

## 媽媽，對不起——序位與身材

如果我們的愛違背序位法則，這種愛不但會造成關係失和，更會影響我們的身心健康。

西安的王涓來上我的課，她是一位身材非常臃腫的女人，年約三十多歲，在課堂上很難不去注意到她，因為她的體重至少超過一百公斤以上。她不像課堂中的其他人，有時會對我友善地點頭、寒喧，或提出一些問題詢問我，她只是跟朋友坐在教室裡離我最遠的角落，上課時認真聽課，下課時就跟身邊的朋友竊竊交談，與其他人沒有任何交流。

課程的最後一天，經過前面許多關於關係法則的學習，以及實際探討學員們所提出的問題後，她在結束前跑到前面對我說：「老師，我有一百多公斤，我嘗試過各式各樣的減肥方法，花了很多很多錢，你有辦法幫我嗎？」

我定定看著她，因為當她問我的時候，眼神裡帶著一絲絲的不屑。她的鼻子朝上、脖子上仰，並用一種斜視的眼光看著我，同時參雜著不屑與不尊重。

我笑笑地回答：「一個人的體重，跟他的心理狀態有很大的關連。」

「喔？是這樣嗎？那我該怎麼做呢？」王涓帶著懷疑的語氣回問。

「看起來妳好像不怎麼相信，但是在我眼裡，妳身上的體重倒不是什麼大問題，反而是妳的心態會對妳的人生帶來極大的麻煩。」

王涓仍帶著懷疑的眼神：「喔？是這樣嗎？」

我調侃著：「唉！反正肉是長在妳身上，不是長在我身上，妳想怎麼樣過妳的生活都可以。」我故意激怒她。

這時王涓兩眼直直地看著我：「可是我來上課就是想請你幫助我，我除了越來越胖之外，其實我也不快樂，我跟我先生相處上也有問題。」

我也直直地看著她的眼睛回答：「妳真的想要改變嗎？」

「是的。」

我再次直直看著她的眼睛，再次問她：「妳真的想要改變嗎？」

「是的。」王涓睜大了眼睛，很肯定地點點頭。

「即使這個改變需要付出代價，妳必須失去一些東西，妳也願意嗎？」

「是的，我願意。」

「好，我信任妳。」我繼續說：「我剛剛說過，體重跟人的心態有很大的關連，那妳知道這個最大的關連人物是誰嗎？」

「不知道。」

「是妳媽媽。」

王涓被震了一下，然後帶著疑惑看著我。

我繼續問：「妳對妳媽媽尊重嗎？」

「有……」她遲疑了一會兒，又回答一次：「有……」

「妳真的有尊重妳媽媽嗎？」

王涓想了一下，說：「我很愛我媽媽，可是她不懂得怎麼照顧她自己，所以我常常要照顧她，幫她做很多事情。她不知道什麼才是對她最好的。」

「所以妳想拯救她，要她用妳認為對的方式生活。」

「每個孩子不是都這樣嗎？」

「不，並不是每個孩子都這樣。那些表面上想幫助父母的孩子，如果他的內心無意識地站在比父母更高的位置，彷彿自己可以拯救父母、覺得自己懂得比較多，他會不尊重父母親的位置，這時他會讓自己變大，站到一個更高的位置上。妳知道『變大』是什麼意思嗎？」

王涓搖搖頭。

「所謂變大，就是連身體、體重也會變大。如果妳沒有改變對媽媽的態度，如果妳對媽媽沒有尊重，妳的體重將永遠無法降下來，這會影響妳的身心一輩子。」

「可是我有尊重我媽媽啊！」

我哈哈大笑：「好，沒關係，我們來看看就知道了。」

我請王涓從學員裡挑選一位學員代表她的媽媽，接著讓王涓與她面對面距離三公尺，站在教室正中間。王涓看著她的媽媽，想要往前走，但走了一步，她媽媽便往後退一步。王涓再往前走一步，她的媽媽又往後退了一步。

我問媽媽的代表：「妳有什麼感覺？」

媽媽的代表回答：「我覺得王涓帶給我很大的壓力。她好像比我大。」

我對王涓說：「妳看，這就是妳媽媽心裡真正的感受。我們把事實揭露出來了，妳對媽媽不夠尊重，妳只是依妳自己認為對的方式來對待她，並沒有真正看到媽媽所需要的。」

「那我應該怎麼辦？」

「我說過，如果想改變，就得付出一些代價。妳知道是什麼代價嗎？」

「我不知道。」

「妳必須失去妳的優越感和妳的傲慢。」

「好，我願意。」

我對王涓說：「那麼，現在請妳向媽媽跪下來，慢慢靠近她。」

王涓跪了下來，慢慢靠近她的媽媽，但是媽媽又繼續向後退。只要王涓向前爬兩步，媽媽就繼續向後退兩步。

媽媽的代表說：「她的心並沒有真正尊重我。」

是的，畢竟已經經過許多年，王涓潛意識裡對待媽媽的方式，讓媽媽覺得有很大的壓力，想讓她重新接受王涓確實不太容易。

我對王涓說：「妳要真正的發自內心，尊重妳的媽媽。」

因為一再被媽媽拒絕，王涓開始難過起來，她一邊爬一邊流淚，不斷叫著：「媽媽，媽媽。」

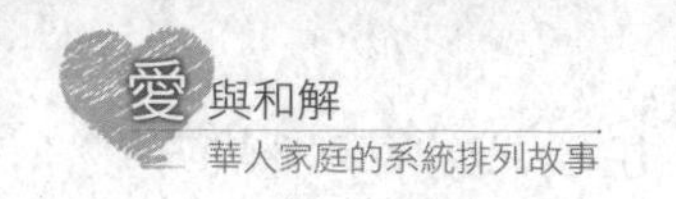


就這樣，王涓一邊爬一邊叫著她的媽媽，「媽媽，媽媽……」

但是媽媽繼續往後退，王涓仍然繼續往前爬。

我讓她們在教室裡，爬了一圈又一圈，爬了半個多小時。

「媽媽對不起……媽媽對不起……」

王涓繼續朝向媽媽爬著，她的眼淚開始真正流了下來，叫媽媽的聲音也越來越發自內心。

「媽媽對不起，我太自以為是了，我以為自己懂得比妳更多，我沒有尊重妳。」王涓跪倒在地，大聲地哭著對媽媽說。

媽媽停了下來，看見王涓趴在地上痛哭，但是當王涓想碰觸她時，媽媽又後退了一步。

王涓猛然大哭出聲，她一面爬向媽媽、一邊叫著：「媽媽，媽媽對不起……嗚嗚嗚……」

就這樣，十分鐘又過去了。最後，王涓跪在地上，跟媽媽磕了好幾個頭。

我引導王涓對媽媽說：「媽媽對不起，我尊重妳是長輩，我是晚輩，請妳重新接受我做妳的女兒，媽媽求求妳。」

王涓五體投地趴在地上，手往前想靠近媽媽，媽媽看到王涓的態度真的開始改變了，於是她也停下來。王涓伸長手，向前朝向媽媽爬去。「媽媽，對不起，求求妳，求求妳，媽媽求求妳接受我。」

我們看見王涓趴在地上，一吋一吋地往前，手指頭一吋一吋地靠近媽媽，最後，她終於碰觸到媽媽的腳趾頭。

「媽媽，求求妳，求求妳……嗚嗚……」

王涓的哭聲感動了在場的每一個人，這時候媽媽慢慢伸出她的手摸摸王涓的頭，王涓往前抱住媽媽的雙腳。媽媽終於重新接受她了！她們終於回到母女的序位上，媽媽是大的，王涓是小的。這時媽媽也流下淚來，她多年來的委屈終於被看到，也由於王涓真正改變了對媽媽的態度，才讓媽媽願意重新接受她。

王涓跪在媽媽面前，媽媽緊抱著王涓，王涓也緊抱著她。所有人無不動容，眼前這一幕是人類最自然的序位，媽媽把孩子生下來，不管媽媽是怎麼樣的人，不管她們的行為怎麼樣，她們永遠是我們的媽媽，她們是大的，我們是小的。如果我們對媽媽的愛違背了這個自然的序位，這樣的愛反而會造成關係上的失序，也必然會影響到我們的身心。

王涓緊抱著媽媽，媽媽也緊抱著她，這時候她們之間的愛很自然地流動了，媽媽終於是媽媽，女兒終於是女兒。我們看到王涓的臉上散發著非常平安祥和的笑容，有什麼比一個孩子重新回到她的位置，重新回到媽媽的懷抱更美的呢？王涓紅潤的臉上露出了青春的笑容。

過了一段時間後，王涓才站起來。

「很好，妳改變了妳自己，也幫助了妳自己。」

王涓向我深深一鞠躬：「老師，謝謝你。」

三個月後，我在深圳講課，有位王涓的好友也來上課。他對我說，王涓特別託他告訴我，她現在整個人身心狀況非常好，不只已經減了三十多公斤，而且還繼續瘦下來。更重要的是，她覺得自己變得越來越快樂、越來越性感，夫妻關係也變得越來越好，甚至計畫要生第二個孩子呢！

## 胖的女人吃掉她的媽媽

王涓雖然愛媽媽，但是她愛媽媽的方式是不尊重的，讓媽媽有極大的壓力，而她自己不但沒有覺察，反而理直氣壯地認爲媽媽應該照她認爲的方式生活才對。這時的她就像站在比媽媽更大的位置，違背了序位法則，而這種愛不但對彼此的關係沒有幫助，反而會造成關係的失序，也就是王涓變成「大的」，而媽媽變成「小的」。這種心理尺寸上的「大小」，同樣也會帶來生理上尺寸的大小，也就是王涓在身體上也會變成「大」——臃腫、肥胖。

一直到王涓有所覺醒，願意回到孩子的序位尊重媽媽，即使她失去了可以拯救媽媽的優越感，但獲得的卻是回到自己適當的序位所帶來的自在。當然，她也因此失去一些身上的肥肉，回到自己的「尺寸」，同時也恢復身心的健康，更開心的是跟媽媽及先生的關係也得到改善。

當一個女人不尊重母親時，她也不會尊重她的男人，甚至還會影響到其他的人際關係，因為母親是我們生命中的第一個人際關係，跟母親的關係會反應出我們和其他人的關係。雖然王涓自己沒有覺察到，但是她對其他人的態度，甚至在課堂上跟我互動時，全都帶著一種不尊重的眼光；然而當她重新尊重母親，回到跟母親適當的序位連結時，她對其他人的態度也在不知不覺間改變，我們從她的行為裡觀察到，她對同學和對我都變得更加友善與尊重。因此，當人們回到自己的序位，不僅在心理上會回到適當的大小、在生理上會回到自然的大小，在人際關係上也會回到適當的大小尺寸。

## 序位法則：回到自己的序位來愛

什麼是「序位法則」呢？

「序位法則」是最重要的關係法則之一，它指的是在家族系統裡，每個人按照進入這個家的時間，有個專屬於自己「先後順序」的位置。

比如說，爸爸媽媽結婚並組成家庭，所以爸爸媽媽在這個家有第一優先的序位；接下來他們生了孩子，孩子也有兄弟姊妹先後順序的位置。同樣的，按照時間的先後，伴隨著生命一代代的傳承，我們的祖輩們比我們先進入這個家，他們的位置比我們大，在我們的前面；我們的孩子、孫子們則比我們晚到這個家，因此他們的位置比我們小，在我們的後面。這種序位法則是一種自然的發生，中國傳統家庭倫理同樣強調「長幼有序」，因為它本乎人性、本乎自然，唯有我們遵循序位法則，這個家才會是最自然和諧的。

如果有人在行為上不尊重父母，代表他已違背了序位法則；但最令人難以覺察的是在無意識裡違背序位法則，而且這些違背的人常都理直氣壯，因為他們認為自己有愛，殊不知這種愛是走入歧途的愛，是失序的愛，以至於自己不知不覺地站在更高的位置對待父母，認為自己的愛才是對的。這時候，嚴酷的序位法則會讓我們學到教訓，這種傲慢與僭越將導致生活失敗與不快樂，嚴重時更會導致重病與死亡。可嘆的是，我看到太多人非得等到付出極高的代價後才有所領悟，才學會回到屬於自己的序位來愛。

我們可以想像一下，如果孩子不尊重我們、想干涉我們的命運，甚至在無意識裡想替我們受苦而讓自己的生活失敗，我們做父母的心裡會有什麼感受？我們一定會很不開心，對不對？因為這種傲慢違反了我們內在的秩序，同時讓孩子沒能好好活出我們給他們的生命，只因他們盲目地想幫我們，而這是父母最難以忍受的。同理可證，如果我們這樣對我們的父母，他們的感受也會是這樣。

「尊重父母的命運」並不表示我們不可以幫助父母，相反的，正是因為我們愛他們，所以要學會如何用更成熟的方式來愛，而不是盲目地讓自己以一種失敗的方式來愛。所以最重要的是，當我們愛父母、想幫父母做一些事時，心中要抱著一種「尊重」的態度，也就是站在孩子的位置愛父母，而不是站在比父母更大的位置想拯救他們。

有人問，如果父母真的有過錯，我們該怎麼辦？中國傳統經典《弟子規》早已提到：「親有過，諫使更；怡吾色，柔吾聲。諫不入，悅復諫；號泣隨，撻無怨。」也就是說，當父母有過錯時，我們應小心規勸，但態度要誠懇、和顏悅色，聲音要柔和；當父母不聽勸告時，我們要等待適當時機再繼續勸告，就算有時痛哭流涕也要懇求父母改過，或者即便遭到責打也要無悔無怨地繼續規勸。這整個過程，自始至終都以尊重父母序位的態度爲基礎。

所以，光有愛是不夠的，還要學習**如何愛**。如果我們想讓生活更順利成功、家人關係更和諧、與父母親的關係更好，就要遵守序位法則，回到自己的序位來愛。這種遵循序位法則的愛，就是最符合大自然生命的愛，同時也是我們要學習的愛。

## 內在排列：與母親和解

這個內在排列對某些人來說也許一開始有些困難，但是請好好試試看，在心裡慢慢地跟著做。我們的媽媽也許不是一個完美的人，但如果對媽媽期待太多，或要求媽媽變成另外的樣子，我們就沒辦法看見生命的眞相，也就是只有透過這個媽媽，我們才能得到這個生命；如果換成別的媽媽，我們就不再是現在的自己了。因此，接受生命事實的眞相，跟媽媽和解，事實上也是跟自己和解，如此一來我們才能回歸愛的序位，自由自在地在自己生命的位置上發揮。

當然，如果和爸爸之間有困難，也可以將練習改成與父親和解，只要將「媽媽」兩字改成「爸爸」即可。

現在請把自己凝聚起來
回到中心
想像我們的媽媽在我們的前面
跟我們自己的媽媽連結
看著她的臉
看著她的眼睛
發自內心對她說

「親愛的媽媽
妳把我帶到這個世界上
這是一個事實
我卻忽略了這個事實
我可能因為妳所做的事情而責備妳、抱怨妳
我可能認為妳不夠好而想改變妳
可是現在
我願意重新接受這個事實
生命透過妳來到我的身上
也只有透過妳這個特別的人

我才能夠得到這個生命

我才能成為現在的我

如果我生在別的家庭

我就不再是我

我就變成了別人

因為妳

我才能在這裡

不管我們之間發生什麼事

都無法抹煞這個最重要的事實

這對我來說是最重要的一件事

只有妳可以給我這個生命

妳所給我的是最珍貴的

其他的如果我有需要

我可以從別的地方找到

但只有妳可以給我這麼珍貴的禮物

謝謝妳

謝謝妳

妳是我正確的媽媽

除了妳之外

我不要別人」

然後

用你的方式跟媽媽說謝謝

你可以鞠躬、磕頭，或深深地擁抱

然後

慢慢地往後退一步

回到自己的位置

深呼吸一口氣

回到當下

案例

# 媽媽我愛妳，我也愛爸爸
# ——面對父母衝突

當我們結婚後，就要以現在的家庭優先；但這不表示和原生家庭切斷，而是「我現在要好好照顧自己的家，如果你們需要我，我會做對的事。」這樣才是生命傳承的正確序位。

犯罪或有家暴行為的人會受到法律的制裁，但除了必須為自己的行為負責之外，這些行為的背後是否在說些什麼？背後是否有更深層的原因？除了法律上必要的懲罰，如果我們可以幫助他們找到問題的深層因素，就有可能幫助他們不再重複犯錯。

我曾受邀至台灣法院地檢署為收容人上課，這些人所犯的大多是傷害罪、家暴、放火等等。我們十幾個人圍成一個圈上課，由於他們並非出於自願，所以剛開始上課時都很消極，甚至有些抗拒。

其中有個收容人國龍，人長得英俊高大，而且還是一名警察。之所以會入獄，是因為太太和他的母親吵架，他很生氣，並為了保護母親而動手打太太，但因為他練過武術，因此太太受傷嚴重。除了被法院判刑外，他也被判隔離，不准靠近太太與孩子。

「你會不會後悔？」我問他。

「會，可是那時候不知道怎麼了，好像無法控制我的情緒，尤其看到太太跟媽媽頂嘴，整個人像被憤怒淹沒了一樣。現在我很後悔，但是太太不肯原諒我……我好想看看孩子。」

「你想控制自己，不讓同樣的事情再次發生嗎？」

「我當然想，但是我受不了我太太跟我媽媽發生爭執，看到那個畫面，我好像失控了一樣，整個憤怒爆發出來，所以才會打她。」

「好，我們來看看這個情緒的背後到底是什麼？有沒有辦法可以改善？」

我準備運用系統排列來探索，於是邀請四個人分別代表國龍自己、他太太，他媽媽以及他爸爸。

「現在，靜下心來，請你用這四個人當代表，將你心中這四個人的關係位置排出來，也就是把彼此所站的位置遠近，以及面朝哪個方向排出來。」

在沒有任何人的打擾下，國龍很專注地在教室裡把他們的位置排出來。

結果排列出來的畫面，立刻浮現出他們家互動關係的深層真相：他把自己的位置排在爸爸和媽媽的中間，背靠著媽媽並面對著爸爸，他張開雙手好像要保護媽媽、對抗爸爸，但他的太太卻被排在遠遠的地方。

我對他說：「你知道嗎？系統排列可以將潛意識的狀態揭發出來，我們在這裡很清楚地看到，你心裡真正要保護的人是誰，要對抗的人是誰。」

國龍被自己排列出來的畫面嚇到了，因為他從來沒想過自己會把自己夾在爸爸媽媽中間，並且對抗他爸爸。看到這個畫面，他開始回想起小時候的情境：「從小爸爸媽媽就常常吵架，有幾次我還看到爸爸動手打媽媽。媽媽心裡有什麼痛苦，都會跟我說。」

「是的，你很愛你的媽媽，你想保護她，所以你不知不覺承接了媽媽對爸爸的憤怒，但是因為你也愛你的爸爸，而且他也是你的長輩，所以你並沒有把這個憤怒向爸爸發洩出來。」

「是的，就算現在他們吵架，我的心還是相當糾結，情緒經常受到影響。」

「沒錯，在你心裡已經累積了許多憤怒，就像一座火山一樣，所以當太太跟你媽媽吵架時，你便無法控制地把過去所有對爸爸的憤怒，全部往太太身上發洩。」

國龍用力地點頭：「嗯！我現在終於了解了！平常我跟太太感情很好，但是只要她說起我媽媽的不是，我的火氣便忍不住升上來。」

「是的，因為你的序位站錯了，你站在與爸爸媽媽平輩的位置，想去改變他們夫妻之間的關係。」

「原來是這樣啊。那麼，我該怎麼辦？」

「很容易，但是也很困難，那就是你要很有覺知地回到屬於你的位置。」

「那要怎麼做呢？」

「你準備好了嗎？」

國龍有力地回答：「是的，我已經準備好了！」

我請代表國龍的人回座，請國龍親自上場，然後要他很慢很慢地、帶著覺知地從爸爸媽媽的中間走出來，最後向後退一步，面對他的爸爸媽媽。

國龍很專注地、很認真地慢慢走了出來，轉過身面對他的父母。

接下來，我引導國龍對他的爸爸媽媽說：「媽，從小我就看著你們爭吵，我心裡面真的很難過，我很希望你們能夠和睦相處。」

國龍的眼淚開始在眼眶裡打轉，他哽咽地對他的媽媽說出這些話。

「但是我只是你們的兒子，對於你們之間的爭吵，我真的幫不上忙。媽，對不起，我沒有辦法幫妳……」

他的眼淚開始從臉頰上滑下來。

「媽，我很愛妳，我也很想為妳承擔，但是我也愛爸爸……」

「請妳原諒我，如果我靠近爸爸的話。」

國龍的媽媽也流下淚來，身體左右搖擺著，很不捨地看著孩子。

我引導著國龍繼續說：「親愛的媽媽，現在我把屬於妳的憤怒還給妳。」

國龍一邊流淚，一邊向他的媽媽鞠躬：「親愛的媽媽，現在我把屬於妳的憤怒還給妳。」

媽媽不捨地流淚，並用雙手扶著國龍的肩膀。看著孩子如此煎熬，她心中無比感慨，但似乎也願意接受了。

接著，國龍轉身面向他的爸爸，突然間，他自己向爸爸跪了下來。

他在哭泣中夾著懺悔地對爸爸說：「爸爸，對不起，我心裡沒有真正尊重你是我爸爸。我總認為你對媽媽不夠好，事實上我心裡是瞧不起你的。」

國龍抱著爸爸的腳，一邊流淚一邊悔過。

「對不起，我知道我錯了。請你重新接受我做你的兒子。」

爸爸的眼淚也流了下來。做父親的何嘗不難過，他對兒子的心血從來不曾被好好承認，兒子對他的怨恨他何嘗不知道？但偉大的父愛仍不斷默默地付出，培養著孩子們長大，從不中斷地支持著這個家。

國龍的爸爸帶著堅定的父愛，拍拍國龍的肩膀，將國龍扶了起來。父子倆像兩個男子漢般地擁抱在一起，卻也流露出柔情的一面。

一會兒之後，我對國龍說：「有一句很重要的話，你必須對你的爸爸媽媽說：『親愛的爸爸媽媽，我尊重你們之間互動的方式，現在我要回到兒子的位置了。』」

國龍向他的爸爸媽媽深深一鞠躬，並且很誠懇地說出：「親愛的爸爸媽媽，我尊重你們之間互動的方式，現在我要回到兒子的位置了。」

就在這時侯，奇妙的事情發生了。當國龍向他的爸爸媽媽鞠躬並說出這些話的時候，爸爸媽媽竟然願意開始面對面看著彼此——沒有國龍擋在中間，他的父母反而更能夠面對彼此的關係。

我特別將這個畫面指出來給國龍看。

「是的，現在我明白了！」國龍若有所悟地點頭。

當一切回歸到正常的序位後，國龍終於可以轉過身看著他的太太。

他向太太的代表走近了一步。

「對不起。」國龍低著頭對太太說。「因為我太愛我媽媽了，所以我沒有好好地看到妳。」

「對不起。」

國龍真誠地向他的太太道歉，慢慢靠近太太並握住她的手。

「現在我回來了！」

代表太太的人感受到國龍的誠意，並且表示她心裡仍然愛著他。

「請妳再給我一次機會。」

代表太太的人眼眶裡帶著淚水，點點頭。

在他們兩個人靜靜的擁抱裡，我結束了這個排列。

過了一個月，我繼續到法院指導這門課程，因為這些收容人要連續上課幾個月。當我再次碰到國龍時，我問他最近怎麼樣了？國龍說他的爸爸媽媽又吵架了。

但他補充道：「可是老師，以前我會馬上跳出來制止他們，但是因為上了你的課，我知道要回到自己的位置，神奇的是，突然間我沒有那種憤怒的感覺了。然後，我知道他們喜歡聽老歌，所以買了兩張蔡琴老歌演唱會的票送給他們，後來我爸媽吵一吵之後，覺得兒子既然送了演唱會的票，非去聽不可，結果兩個人竟然牽著手去聽演唱會了。」

「非常好！」

「更棒的是我太太願意接我的電話了，我向她道歉後，她也願意讓兒子跟我說話，還說她會考慮縮短隔離的時間。我真的真的很高興，周老師，謝謝你！」

我們每個人都很高興聽到國龍分享的消息，同時我也很高興看到這個團體的成員，從一開始的消極、防衛與抗拒，慢慢地每個人越來越投入。原本法院的觀護人要很緊張地盯著每個成員來上課，沒想到大家的態度越來越自動；同時在課堂上，每個成員都有機會探索自己行為背後的心理因素與家庭動力，甚至有的成員下課還主動跑來問問題，詢問該怎麼改善家裡的情況等等，也有學員找我分享他上課的收穫……

是的，當人們重新被看到與被接受，每個人都想讓自己的生活過得更順利！

## 轉移的家庭暴力

國龍身爲警官，當然知道毆打太太是犯法的行爲，但是在那個當下，他就像被巨大的憤怒控制般地失去了自我，而且不只發生一次，所以只懲罰或規勸他是不夠的，因爲那個憤怒不單是他個人的憤怒，如果沒有找到家庭暴力背後的心理動力，這樣的事件會一再重複地發生。這時候，系統排列心理學便是一個很好的方法，可用來探究個人及家庭的深層心理動力，同時找出如何改善的關鍵。

透過系統排列，我們探究出國龍對太太施暴背後的心理動力，是他爲了保護媽媽而對抗爸爸，並將對爸爸的憤怒轉移到太太身上，最後婆媳問題成了導火線，導致他動手打太太。當國龍從盲目的愛中覺醒，了解到自己的巨大憤怒來源，他學會退回到兒子的位置並尊重父母的互動方式，也直到此時，沒有國龍擋在中間，他的父母才能真正開始面對彼此的問題。最後，國龍終於學會從原生家庭的糾葛中解脫，好好照顧自己現在的家庭。

## 序位法則的違背：男性的心理亂倫動力

讓我們更深入探討這則案例。心理學上的研究曾提及一種「亂倫」，它不是身體上的亂倫，而是心理上的亂倫，也就是不論兒子或女兒，他們的心中潛藏著一個祕密——覺得自己更適合成爲爸爸或媽媽的伴侶。

當兒子捲入父母的關係時，就形成了一種三角關係，做兒子的跟母親太過親近後，變成母親的精神外遇，媽媽在不知不覺中誘導兒子站到爸爸的位置上。接著，當兒子有了自己的太太，問題會更加凸顯出來，因爲這時又產生了另一個三角關係，太太很難站到她的位置，因爲她的位置被婆婆占走了。這種先生與兒子的錯位，以及婆婆與媳婦的位置爭奪戰，正是婆媳問題的深層心理動力。

當上一代沒有好好解決，下一代也會開始重複相似的模式，孩子會注意到爸爸比較照顧祖母，於是孩子開始傾向照顧自己的媽媽、和媽媽比較親，等未來結婚之後，相同的模式又會繼續世代傳遞下去。

這種男性心理上的亂倫，也是違背序位法則的結果。那麼，該如何解開這個環環相扣的糾葛呢？答案是兒子要抗拒被感召進入父母關係的誘惑，也就是要對媽媽說：

「親愛的媽媽，我只是你的兒子，我無法取代爸爸照顧妳。我愛妳，但是我也愛爸爸，現在我要回到兒子的位置了。」同樣的道理，也適用在女兒身上。

從另一方面來看，這也提醒我們，做父母的要勇於面對自己的夫妻問題、要有警覺，不要在無意識裡把孩子拉進彼此的衝突中。

## 內在排列：生命感謝辭

當我們得到「生命」這份禮物時，雖然它的珍貴性讓我們難以回報，但是，如果可以在心中表達對父母的感謝，我們會感受到自己身處在這個生命之流裡，有一種完整與平靜，同時也讓我們回到自己的軌道上，明瞭接下來該怎麼做。

換個角度來看，這則感謝辭也是極佳的自我整理方式，它是在我們心中對我們的親生父母所做的排列，尤其是父母爭吵、失和或離婚時，它能幫助我們經歷這些不愉快的過去，回到屬於自己的序位。當我們在內在開始進行這個過程時，外在的世界也會隨著內在改變。

我邀請大家一起回到自己的位置

把自己凝聚起來

回歸中心

想像我們的親生父母在我們的面前

看著他們

如果你沒看過他們

仍然可以想像有兩個人在你面前

因為事實上他們的確存在過

現在

請看著我們的親生父母

對他們說

「親愛的爸爸

親愛的媽媽

謝謝你們把生命傳給了我

為了讓我得到這個生命

我們都付出了代價

我從別人那裡

得不到這個生命

只有你們可以給我這個生命

你們給予　我接受

你們是大的　我是小的
在我心裡
你們是我最正確的爸爸和媽媽
沒有人可以取代你們

親愛的爸爸媽媽
你們永遠是我的爸爸媽媽
這個關係永遠不會改變
就算你們分開
就算你們之間有任何變化
我尊重你們之間的決定
我尊重你們互動的方式
但是在我身上
你們永遠是結合的
永遠不會分開
因為我的生命
就是你們愛的結合的最佳證明

親愛的爸爸媽媽
我尊重你們面對問題的方式
現在我要回到孩子的位置了

回到屬於我的位置
來經歷我的生命
我會用你們給我的生命
好好地做一些好事
讓它發光發熱
這是我報答你們的方式

如果有可能
我也會像你們一樣
把生命傳下去給我的孩子
像你們對待我一樣
如果我沒有自己的孩子
我也會好好地善用這個生命
將你們給我的愛
傳給更多需要的人」

然後　深深地向你的父母鞠躬
越深越好
越慢越好
最好是可以跪下來 磕頭
好好磕三個響頭

這不但是對父母至高的尊重與感謝
也是對父母背後那偉大的生命源頭
最高的謙卑與敬意

CHAPTER 4

# 親子關係

孩子的認知發展，無異是在互動關係學習的歷程中進行。因此，改善孩子所處的關係，將非常有助於孩子的認知發展。

——蘇聯心理學家 維高斯基（Lev S. Vygotsky）

## 孩子：家庭的鏡子

孩子就像家庭的一面鏡子，會眞實反映出家中的情況，其中最直接反映出的是父母的「身教」，因爲孩子會模仿父母的言行及如何互動，所以身教重於言教，這是衆所周知的道理。我認爲「模仿」是孩子透過表面信息學到一些基本行爲的方式，然而父母的深層心理狀態會更深刻地影響孩子的深層心理。父母的深層心理狀態往往隱而不顯，所以孩子的深層心理狀態是透過什麼學習到的呢？孩子的深層心理反應出的是深層潛意識的信息，而這些深層潛意識的信息如同馬汀．布伯所說的「潛意識的信息是在個體之間」，也就是在「關係」裡，換言之，孩子眞正學習與反應的不是表面的話語或行爲，而是深層的「關係」信息。

根據我的觀察，在孩子所學習與反應的關係信息中，影響最大的來源一者是**父母之間的關係**，一者是**家族系統的關係**，但不是每個親戚都算我們的家族系統，只有一群特定的人屬於我們的系統，本章後面將有詳細的說明。

父母之間的關係，包括了夫妻間的關係及親子間的關係。雖然每個孩子出現的狀況、細節有所不同，但從許多家庭個案中我看到：

1. 當孩子出現迷失的行爲，例如不想學習、情緒不穩定、有牴觸性情緒時，他反應的很可能是父母間夫妻關係的失衡或模糊。
2. 當孩子出現注意力分散、依賴、易結交壞朋友時，他所反應的往往是父母雙重標準、夫妻關係分裂、在家中缺乏歸屬感。
3. 當母親的位置缺席時，孩子容易空虛憂鬱、焦慮緊張、較優柔寡斷，也比較容易發生人際關係問題、難以表達自己也難與人連結。
4. 當父親的位置缺席時，兒子很容易發生成癮行爲，例如沉迷於電玩、抽菸、喝酒、吸毒；女兒則很容易發生早熟、暴食或厭食症、對成年男子有興趣、期待有人保護。
5. 當父母一方或雙方想離開家或死去時，孩子在潛意識裡會接收到這個信息，並以逃家、重病、發生意外危險等方式反應，嚴重者甚至會死亡，因爲他們小小的心靈裡幻想著：「我代替你走，這樣你就可以留下來。」或是「我會跟著你一起走，這樣我們就永遠不會分開。」

另外，除了父母間的關係外，還有一個影響孩子更爲重大的因素，那就是「家族系統力量」的影響，這往往是更難以覺察到的，尤其是家族中的未竟之事，但孩子這面鏡子會活生生地反映出家族中的情況；有時家族系統的力量甚至會超越父母的影響，令孩子表現出一些莫名的情緒與行爲症狀。好消息是，透過系統排列的方法可以幫助我們了解家族系統的動力，了解孩子這些情緒與行爲的背後在說什麼？我們可以怎麼改變？有哪些法則對親子關係很重要？我們將在本章深入探討這些，也因此，如果要了解孩子深層的心理狀態，了解孩子以後會變成怎麼樣，只要從父母間的關係、家族系統力量的影響就能看出端倪。

## 系統排列對孩子的協助

首先我想先簡單說明，我如何運用系統排列協助孩子。

由於系統排列的特性之一便是不需全家人都到場也可以進行，因此我的做法是：由父母單獨出席，或由父母陪伴兒童、青少年共同出席會更好，大家一起爲有心理困擾或行爲狀況的孩子進行排列工作，一起透過課程的學習改善整個家庭的狀況。必要時，我們會與孩子進行個別的排列工作，利用人偶或色紙等小道具協助排列的進行。

孩子的成長議題一直是我關注的焦點，我曾多次受邀到法院爲犯法的少年帶領系統排列課程，其中包括偷竊、破壞、吸毒、色情援交等個案，二、三十位少年一起上課，有的有家長陪同，有的則由助人者或觀護人陪伴。這是最好的做法，因爲家長與孩子都能從課程中更了解孩子如何受到家庭的影響，家長才不會把焦點一直放在怪罪孩子上，同時也讓家長有機會看到孩子行爲背後的系統影響力，以及未來家長與孩子該如何調整、共同努力的方向是什麼；同時，助人者或觀護人也能對這個家庭和孩子未來的工作有更清楚的方向。

每一年，我都會撥出一些時間，在公益單位輔導身心障礙孩子與弱勢家庭，以及在學校輔導高危險群的學生，包括憂鬱、沮喪、自傷與自殺的孩子。在課程中大家可以相互學習，看到自己如何受到家庭力量的影響，看到孩子們的愛如何令他們受苦，也看到他們如何透過系統排列發生轉變，在家長與老師們的協助下更有力量地面對生命的困境。因此，對於眞正需要協助的孩子與父母們，我衷心建議一定要參加專業系統排列師的工作坊，爲孩子也爲自己開創更美好的未來。

另外値得一提的是，孩子要多大才能參加系統排列課程？在我的課堂上，最小的年齡是三歲，他和爸媽一起參加。你認爲孩子聽不懂嗎？那就錯了，我在課堂上看到孩子的感受與反應比大人還要敏銳與直接，因爲他們的內心如此純淨，因此受到家庭序位的影響也更大。所以，孩子如果有問題，請切記，家長的學習與轉變是關鍵，如果家長有所轉變，如果這個家族系統有所轉變，孩子的轉變將會更明顯、更有希望。

案例

# 孩子的症狀行為
# ——幫孩子面對離婚

夫妻有可能會分開，但親子關係是一輩子的；即使我們不能再當夫妻，但我們要幫助彼此成為一對好父母。

五年前，因為丈夫外遇，劉芳痛苦萬分，雖然已離婚分開，但那股憤恨依然長留心底，揮之不去。

如今，為了孩子，劉芳決定好好面對這個問題。

「我女兒現在念小學五年級，醫生說她注意力不集中，我很擔心，因為老師都會在同學面前笑她，我怕她心裡會留下這個創傷。」劉芳一口氣說出對女兒的擔心。

「注意力不集中，是一下子看這邊、一下子看那邊。我發現到，爸爸媽媽如果感情不好或離婚，孩子會一下子看爸爸這邊，一下子看媽媽這邊，因此出現注意力不集中是可以想見的。」我說道。

當我請劉芳排出她、前夫與孩子時，如同劉芳目前的家庭狀況，孩子為了平衡對母愛與父愛的需要，面對分離的父母，她只好選擇分散注意力，一會兒看向父親，一會兒看向母親。

而劉芳自己呢？場中的她則是背對丈夫的。

「五年了，可以了。」我說。

為了女兒，也為了劉芳自己，她考慮著選擇和解的可能性，可是一想到背叛的畫面，她臉上仍出現微怒，傷口還是隱隱作痛！

「和解不是同意他對妳做的事，而是『我很生氣你對我做的事，我現在還不能原諒你，可是我同意你仍是我們女兒的爸爸』。」

劉芳很認真聽著我說的話，同時也努力地喘息，那喘息，除了有著憤怒的氣息，似乎也有著努力想要突破的呼吸力量。

此時，排列中的孩子看到母親，臉上出現了一些害怕的神情，而劉芳的前夫則一直低頭，不敢看她。

「對妳來說，這的確是個很不容易的過程。」

「除非他向我道歉！」

劉芳對著前夫怒吼：「我對你很生氣！」

接著她又說了一次：「我對你很生氣！」

她雙手握拳、咬牙切齒，轉身背對前夫。

我鼓勵劉芳：「的確如此，妳還無法原諒他，但孩子是無辜的，為了孩子，你們都要試一試。」

劉芳終於轉身了，孩子的心情也跟著她的動作而變化，畢竟血濃於水，孩子是父母成長的最大驅力。

劉芳穩重地對女兒說：「我跟妳爸爸分開並非我期待的，妳的爸爸對我做了一些事情，現在我還不能原諒他，但是這跟妳沒有關係，妳永遠是我和妳爸爸愛的結晶。」

聽見母親這些話，孩子忽然開始哭了出來。看見孩子的眼淚，劉芳溫柔地說：「我愛妳，妳也可以愛妳爸爸，就算我們離婚，他永遠是妳的爸爸。」

奇妙的轉變接連發生了，孩子一聽到媽媽這番話，立即安靜下來。真的只有承認面對，才能化解一切。

如同劉芳承認了前夫永遠是孩子的爸爸一樣，她似乎也明白了，再生氣也改變不了事實，如今只有超越夫妻間的關係，來到父母與孩子的關係，才能圓滿孩子內心的完整。

劉芳對孩子說：「如果妳想要看爸爸，媽媽同意。」

聽見劉芳這麼說，孩子雖然怯怯地看向父親，但臉上已出現笑容。

接著，我引導劉芳說出夫妻或伴侶分手最重要的話，要她一字一句打從心裡慢慢說出來：「謝謝你曾經對我好，我會把它珍藏在心裡；我對你的好，我也很樂意給了你，如果你願意，你也可以珍藏起來。

對於我們之間出錯的部分，你有錯、我也有錯，對於我做錯的部分，我願意負起我的責任，對於你做錯的部分，我也把屬於你的責任交給你。

謝謝你曾經做我的先生，你永遠在我的心裡有一個位置。

謝謝你陪伴我走過人生的這段路，你豐富了我的生命。

我祝福你找到你自己的幸福。」

紅著眼眶，此時的劉芳終於能平靜地說出這些話了。

孩子也把她的感覺回報給我們知道：「整個人覺得舒服多了，覺得可以不用想太多，不用那麼猶豫毛躁，整個人都專注安定了下來。」

我對劉芳說：「妳聽到了嗎？孩子能夠專注安定下來了。」

劉芳深呼吸一口氣，心也比較鬆開了。

「為了孩子，即使夫妻分開，也要努力幫助對方成為一個好爸爸與好媽媽，這樣子孩子心中才能感受到完整。」

劉芳點點頭，不再怒目回顧過往，而是微笑迎向屬於自己的未來。

## 整體法則：夫妻離異，父母合一

這幾年來，世界各國的離婚率激增，平均每三到四對夫妻就有一對離婚，因此「離婚」成爲父母對孩子最大的影響之一。一對夫妻不可能永遠在一起，即使再相愛的兩個人，到死也還是會分開，死亡帶來分離，這種分離是註定的。身體上的分離無法避免，但在心靈上，兩個人共同生活了一段時間，即使爲了某種因素必須分開，也必須以一個好的方式處理，而不是隨隨便便就分手，否則勢必會影響到孩子。

我從許多則案例觀察到，有些夫妻就算離婚了，但只要心中的結還沒有解開，這個動力就會持續影響自己及孩子。孩子深層的心理會出現什麼呢？孩子在心裡會隱藏地說：「都是我不好，我要背負起父母分開的責任。」此時孩子會出現千奇百怪的行爲或發生一些事，例如與父母衝突、情緒不穩定、注意力無法集中、不想學習、跟同學打架、做出危險的舉動，或讓自己生奇怪的病等等，目的是想讓父母合好，或爲父母的分開做補償。

這也是倘若夫妻間的事情尚未解決，爲何單獨矯正孩子的行爲與症狀會比較困難的原因，即使我們在小孩身上做了許多協助，改善還是有限，只要動力的來源、那道鎖還沒有解開，糾葛的力量就會持續拉扯著，因爲對孩子來說，這是他這輩子裡非常重要的事，甚至是第一重要的事，這正是孩子對父母的愛——甚至願意爲父母犧牲。

正因爲這股力量很強烈，卻是盲目的，所以想要孩子自己走出來會很困難。因此父母要幫助孩子，尤其關鍵在於父母要合一，這不是說夫妻要復合，而是要讓孩子感受到「**即使父母間夫妻情緣已盡，但父母與孩子的關係是持續的**」，因此父母要以合一的身分來幫助孩子，讓孩子從父母身上感覺到父母雙方仍是一體。如果有可能，請盡量讓孩子與另一方互動，幫助對方成爲好的父母；就算對方有可能不在身旁，還是要在心裡、態度上與提起對方時，都讓孩子感覺到有尊重他的父親／母親，例如孩子和朋友打球打得很好、很開心，媽媽可以對孩子說：「如果你爸爸在這裡，一定會很高興。」或者孩子的成績很好，爸爸可以對孩子說：「如果你媽媽看到，她一定會以你爲榮。」透過這種方式，即使不在身邊的父親／母親也能在孩子的世界裡出席，陪伴孩子成長。

但是請注意，孩子感覺是很敏銳的，如果只是嘴上說說但心裡不是眞的這麼想，就是有意或無意地將他父親／母親的身分位置排除了；而且每個孩子都有權利知道他的父親／母親，但往往有些父母會因爲與另一半之間的衝突或分開而否認對方，或以一種貶低的方式談論另一半，甚至不想讓孩子與對方接觸，這些都是剝奪孩子的人權的舉動，嚴重違背了整體法則，孩子絕對會感覺到那個分裂。

因此，父母要在內心先合一，而且孩子需要經過一段時間才會眞正信任，到這個時候，孩子的內心會自然地感覺到完整。

案例

# 媽媽的第二次陣痛——青春期孩子

當孩子進入青春期，教養的責任便落在爸爸身上，因為這時候孩子要學習成為成人，不能再依賴媽媽的保護了。對媽媽而言，這無異於進入第二次的陣痛。

台灣家扶公益基金會每年都會邀請我向一些弱勢團體授課，有一年，我授課的對象是一群高危險群家庭。

美如執著拐杖，四十五歲仍嬌小瘦弱的她一拐一拐地走到我身邊。待她坐定後，我緩緩看了她一會兒，才慢慢地開始說話。

「妳的腳怎麼了？」

美如皮笑肉不笑地說：「本來沒有什麼，後來就慢慢彎，慢慢萎縮。」

「已經多久了？」

美如並未回答，卻兩眼直視前方，沉浸在自己的世界裡。接著，她忽然情緒湧起，雖然試著以手摀住口鼻，努力地想把情緒壓下去，但最後仍控制不了地開始哽咽，紅紅的眼眶已堆滿了淚水。

「如果，我們一直抓著過去的一些事……」我輕聲地說。

美如吸了一口氣，用力地說：「有時候我很生氣，壓力太重，很想打人，或者，或者想要自己去死。我，實在感覺受不了了。」

「所以妳一直抓著的過去是什麼？心裡一直抓著的是什麼呢？」我再一次問。

美如把眼神移向他方，不願直接回答，只是不確定地說：「是不是我先生把我的房子抵押給地下錢莊，我都沒有房子可以住？」

「是不是這個原因，當然只有妳自己最清楚。妳的孩子幾歲了？」

「一個十八、一個十九……咦？還是一個二十歲了？」美如支支吾吾地說不清楚。

連自己孩子幾歲都不清楚，顯而易見的是，她生活停滯的情況有多嚴重，生命停擺也不知有多久了。

「妳一直沒有看到現在，一直活在過去，沒有向前走。」

美如苦著臉，回想著十年前的畫面，當初以為遇見真愛，誰知竟是負心漢，讓她幸福不再。她好不容易把兩個孩子拉拔長大，怎料不願上學念書的孩子反而讓人更加傷心與擔憂，再加上輕忽兩年前的跌跤，才導致腳部嚴重萎縮。

她嘆了口氣，終於把故事說出來了，但這番坦白傾訴卻沒有讓她輕鬆一點，反而讓她重溫當年的憤怒。

「十年了，先生的錯讓妳自己一直受苦，也許十年不算久，但很快又要十年過去了。妳希望自己可以有些什麼不一樣嗎？」

「老二他不聽話，我問一句，他就回好幾句，蹺課，不讀書……」美如帶著情緒，滔滔不絕地說著兒子的狀況。

我把美如、孩子與前夫排列出來。透過排列，當場揭露出一個令美如震驚的事實：孩子與前夫的狀況有許多相似之處。

「現在妳看到孩子心理的深層需要了，每個孩子都需要與爸爸有所連結，妳越是否認孩子的爸爸，孩子就越會像他。」

美如用力喘著氣，有些緊張，更有憤怒。她又想起當年一心體諒丈夫，自己出外工作養家，哪裡知道丈夫竟迷上賭博，最後還造成家庭破裂的悲劇。十年來，美如和孩子們絕口不提「爸爸」兩個字，即使孩子心裡渴望父愛，即使美如對他還有許多尚未宣洩的情緒。

「他們從沒有提到爸爸的事，我也沒有提到他們爸爸的事，他們心裡在想什麼我也不知道。我要求他們要獨立，可是有時候老二什麼都不告訴我一聲，人就突然不見了……他覺得我比較疼老大，以前我去工作時，爸爸常跟他在一起，我跟他的距離非常遠，也不知道……」

「美如，我看過很多家庭，如果夫妻離婚或爭吵未和解，老大會想幫媽媽，而老二就會跟爸爸一樣，離開這個家。」

美如的眼神開始關注當下所呈現出的情況。

的確，如同場中擔任代表的兩個人，兒子雖然和父親保持距離，但事實上腳步一直跟隨著父親的背影移動。

「爸爸有自己的生命經驗，借錢、賭博輸了，都是他的生命經驗，他不希望看到兒子發生相同的經驗，妳兒子得要他爸爸把生命經驗傳授給他。妳越是想把他抓在身邊保護他，以他現在的年齡，他越會以叛逆的方式把媽媽推開。因為，如果妳繼續對他好，他就沒辦法進入成長的下一個階段，現在，他最需要的是爸爸。」

美如吐出長長的一口氣後，終於肯對前夫說：「你的兒子需要你，他現在十九歲了，他需要你的經驗，讓他可以看清楚自己的路。」

語畢，兒子不再對爸爸亦步亦趨地移動，而是慢慢低頭；美如的前夫則看著兒子與前妻。

美如邊說邊哭：「請你幫助你的孩子，我能夠做的，只能到這裡。」

「是的，所有媽媽能做的，只有到這裡了，接下來要交給爸爸，或交給學校，如果媽媽可以體認到孩子也需要跟爸爸有所連結，就知道怎麼幫孩子了。」

「但是爸爸不知道到哪裡去了？」

「所以妳要學習用一種特別的方式讓孩子跟爸爸連結，即使前夫不在孩子身邊。昨天我在課堂上不是有教大家嗎？我們要稱讚孩子像爸爸什麼地方？」

「像爸爸的優點？」美如點頭笑了。

「對！孩子的爸爸有哪些優點呢？」

「嗯，人緣很好、朋友很多……」

「那妳要怎樣跟孩子說呢？練習一下。」

「志育，你像爸爸一樣，在外面人緣很好。」

「很好，美如，但是妳要更發自內心。多練習一下，孩子聽到會很開心，即使孩子不一定會與爸爸碰到面，但這能幫助孩子用一個好的方式與他的爸爸連結。好，妳再練習看看。」

「志育，你好棒，跟你爸爸一樣，朋友好多。」美如笑笑地說。

「很好，再來！」

「志育，你好棒，跟你爸爸一樣，很會幫助人。」美如越說越順。

「太好了！回去有機會就開始這樣做，而且妳一定要發自真心，孩子絕對可以感受到；然後，只要有機會，就讓孩子和爸爸互動，不管他從爸爸那邊學到什麼，只要有機會互動，他就有機會從爸爸的經驗裡學到一些功課。」

只見美如臉上的僵硬消失了，她終於能微笑地看著我。

隔天上課時，大家紛紛討論起回去做「稱讚孩子像爸爸的優點」練習時的發現，其中一位太太興奮地抓著麥克風說：「老師，真神奇耶！我回去稱讚我兒子像他爸爸一樣很善良，結果你猜發生什麼事？兒子竟然主動幫我曬衣服呢！」大家七嘴八舌地分組分享自己的發現，就連下課時，美如也帶著微笑跑來感謝我。

## 放下過去，與自己和解

前面兩則案例中的劉芳與美如，她們的勇氣令人讚賞，要放下過去的確不容易，但爲了孩子，即使心中對前夫還有憤怒，她們還是願意幫助孩子與父親連結，願意努力去看見前夫的好，並且學習去了解青春期孩子的需要。如此一來，不但讓孩子的渴望有所歸屬，更重要的是，自己心中多年的衝突也在潛意識裡開始得到和解，因爲，當我們放下過去，同時也代表著放過自己。是以就算夫妻分開了，兩人仍要讓孩子知道：「所有大人間的事都是大人的事，與你們無關。你的爸爸永遠是你的爸爸，如果你愛他、你像他，或者你想要找他，我都同意。」這時候，孩子內在的渴望就能達成而非分裂。

## 事實法則：請不要否定孩子父母的身分

孩子的一半來自父親、一半來自母親，否認孩子父母親的其中一方，等於無意識裡也否認了孩子的一半；再者，孩子是由父母的細胞結合而來，因此每個孩子的潛意識都希望爸媽是結合的。然而，夫妻能夠一同生活已是一件不容易之事，更何況期待每對夫妻都能白頭偕老？因此夫妻離異時有所聞，重點是當夫妻分開時，我們要如何幫助孩子面對？我們是否了解孩子深層的心理呢？

根據心理學家馬斯洛的研究，當人的生理需求得到滿足，也就是吃飽穿暖之後，心理最大的渴望就是愛與歸屬感，它們像心靈的食物，若是得不到，會令人感到空虛沮喪。孩子心裡最大的渴望就是**與爸媽連結的歸屬感**，那是超越了一切事物的渴望，那麼，孩子是透過什麼方式與父母連結的呢？如同前面提到的，就是做和父母相同的事，因爲透過做相同的事，孩子可以感覺「我們是同一國的」，這就是歸屬感的需求。因此，孩子不會去管所做的內容是什麼，有時甚至是觸法也不管，因爲強烈的心理需求就像飢餓時只要能吃飽，去搶劫食物也可以。

因此，我們要了解孩子深層的心理需求，也就是他必須與父母雙方都有所連結，這樣才能滿足心中的歸屬感需求。如果孩子對其中一方的連結有所缺乏，將會讓孩子感到空虛遺憾，而最令孩子難以忍受的是父母其中一方否定另一方、排除另一方，那就像自己內在的一半否定另一半一樣，結果必然造成孩子心理上的分裂。

例如，媽媽常說爸爸不好、不認同爸爸，孩子爲了能和爸爸連結，會採取強烈的方式，也就是和爸爸做相同的

事或發生相同的事。但因爲這不被媽媽允許，所以孩子表面上會聽媽媽，然而私底下會像爸爸，甚至在潛意識裡跟隨著爸爸的命運而不自知。

當我們否定自己的先生／太太時，我們正在給孩子什麼樣的信息？

「你爸爸是懶惰、不負責的人，你以後不要像他一樣！」

「你爸爸愛賭博，你不可以像他一樣愛賭博！」

「你爸爸愛亂搞女人，你以後千萬不可以像他一樣！」

「你媽媽死愛錢，你以後不要像她一樣！」

「你媽媽愛嘮叨，你以後不要像她一樣嘮叨！」

「你媽媽都不顧家，你以後千萬不可以像她一樣！」

我保證，這樣的孩子長大後肯定會出現這些行爲：懶惰、不負責、愛賭博、亂搞女人；或是死愛錢、愛嘮叨、不顧家。爲什麼？因爲他心裡強烈需要和他的父母連結，但有關他爸爸／媽媽的信息卻全是負面信息，他當然只能跟這些信息連結，做出相同的行為來滿足與爸媽連結的歸屬感。

當懶惰、不負責、愛賭博、亂搞女人、死愛錢、愛嘮叨、不顧家等信息充滿孩子的世界，孩子還能有其他的選擇嗎？

有人說，我只放在心裡沒說出來呀！不要自欺欺人了，孩子的感覺無比敏銳，就算表面上沒說，如果你心中有這些信息，一定會在無意識裡顯露出來，而你的孩子一定會感受到。當夫妻因為對方的行為而否定他／她身為父母的身分，孩子就會和被排除的一方做出相同的行為模式。簡單地說就是，當你越不尊重對方，孩子就會越像他／她。

那我們該怎麼辦呢？

既然與父母連結是孩子天生的心理需求，那就提供更多正面的信息來滿足孩子連結父母的需求。

「孩子你好棒，你和你爸爸一樣真聰明！」

「孩子你好棒，你和你爸爸一樣講義氣！」

「孩子你好棒，你和你爸爸一樣人緣很好！」

「孩子你好棒，你和你爸爸一樣很孝順！」

「孩子你好棒，你跟你媽媽一樣很善良！」

「孩子你好棒，你跟你媽媽一樣很有愛心！」

「孩子你好棒，你跟你媽媽一樣喜歡學習！」

「孩子你好棒，你跟你媽媽一樣做事很認真！」

聰明、講義氣、人緣好、孝順；善良、有愛心、喜歡學習、做事認眞……

如果這些信息充滿孩子的世界，孩子會朝向什麼方向發展呢？

因此，光稱讚孩子是不夠的，我們要學習眞心稱讚孩子身上像對方的優點，不只是稱讚孩子，重點是稱讚孩子「像爸爸」／「像媽媽」的地方，透過這種方式，孩子會朝好的信息方向與爸媽連結，心中對歸屬感的渴望也會得到滿足。

總結上述所說，孩子就像家庭的鏡子，我們要怎麼教育、引導和支持他們成長呢？首先，要尊重另一半是孩子的爸爸／媽媽，並允許孩子和他／她連結：「如果你像你爸爸，我會很高興。」、「如果你像你媽媽，我會很高興。」當孩子連結的渴望被允許了，就不會那麼強烈地在暗地裡連結那些被否認的缺點。尤其是離婚的父母若能這樣做，孩子必能有好的發展，他們會學到大人有時候會吵架，夫妻有可能會分開，但是他們卻能承認彼此的位置，也承認對方的父母身分，這對於孩子來說是非常重要的身教，也是莫大的祝福。

因此請記住，千萬不要因爲另一半的行爲，否定他們是孩子父母的身分，因爲事實不會因爲隱瞞而改變，否認或隱瞞只會令孩子在無意識裡被否認。

## 練習 稱讚孩子像對方的優點

現在我們懂孩子深層的心理需求了，那麼就好好地實踐它吧！

請寫下孩子像先生／太太的三個優點，不要說對方沒有優點，那是我們不願意去想、去看。再令人討厭的人也有其優點，試試看吧！

請寫下孩子像先生／太太的優點：

1.

2.

3.

接著套入下面的句子，練習一下：

「____________（孩子的名字）你好棒， 你跟你爸爸一樣____________（優點）！」

「____________（孩子的名字）你好棒，你跟你媽媽一樣____________（優點）！」

然後記得日常生活中，在適當的時機，例如孩子表現出上述優點時，要運用上述的原則好好誇獎孩子。我非常確信，這樣做一段時間後，孩子將會朝向我們所誇獎的方向發展！

案例

## 為了新芽，枯葉落
## ——教孩子面對死亡

如果我們可以全然哀悼失去親人的悲傷，也就是讓哀悼過程完整，這不但是健康的，而且它將帶給我們生命往前的全新力量。

新加坡的凱文已四十多歲，提到他很擔心兒子常有些莫名的情緒出現。

「兒子常常失眠、作惡夢，並常常說一些令人震驚的話。例如有一天，兒子在睡夢中忽然大聲驚叫，我急忙跑到他身邊詢問發生什麼事，沒想到兒子竟然說：『爸爸，我以為你死了！』」

我問凱文：「誰是那個真正死去的人？」

就這樣，年近十二歲孩子的一句話勾起凱文深埋的憂傷，兒子的惡夢喚醒他兒時的記憶，那個至今仍揮之不去的恐懼——生離死別。

「那一年，我十二歲，一覺醒來就失去父親，因為父親突然心肌梗塞死了……」

想起昨天還在互動的至親，一夜後竟再也不能與之互動，凱文說著說著，全身顫抖了起來，他哽咽地訴說失去的恐懼與哀痛。父親的驟逝讓他自小就埋下害怕失去的陰影，讓他從小經常擔心身邊人會突然死去，即使這樣的事情並未再度發生。當然，孩子莫名的情緒反應，便是在無意識裡為凱文承擔那股害怕的情緒。

我進一步說明：「如果你們家對你父親的哀悼夠深，一段時間後它就會過去；可是如果沒有哀悼，它就會一直在那裡，這個家會被死亡的陰影籠罩，甚至小孩會感受到而活在害怕離別的恐懼中。」

「是的，我常常感到很累，想要放鬆，卻又莫名地無法放鬆，仍不斷地接受新工作，好像透過工作可以逃避些什麼。」

「逃避只是暫時的，如果我們不去面對它，生命一部分的能量就會凍結在過去，家裡未完成的情緒就會從孩子身上呈現出來。」

為了兒子，凱文決定試著面對。

我請一位學員躺在地上，代表凱文過世的父親，另外請兩個人分別代表凱文的母親與凱文的兒子，他們站在一旁，至於凱文自己，則讓他親自面對。

但一時要面對，談何容易？

只見凱文一手牽著兒子，一手壓在胸口上急促地呼吸著，眼眶也紅了。他看著躺在地上的父親，整個人就像被凍僵似的，動也動不了。

另一方面，凱文的母親卻始終不願正視凱文的父親；凱文過世的父親則躺在地上，然而雙眼卻無法閉上。

「活著的人沒有放下，死去的人是沒有辦法安息的！」我聲如警鐘地敲醒著凱文母子。

是的，最深的愛經常凝固凍結而化不開，有些是為占有，有些如凱文家一樣是驚嚇、捨不得鬆手。顯而易見的，在這裡，不論是誰都捨不得鬆開，凱文哭泣地看著父親，母親則一臉無奈痛苦，這般的糾結教已逝的父親也無法放下安息呀！

面對著一直無法合眼的父親，我請凱文的母親對著丈夫說：「老伴，你死了。」

母親閉上雙眼哭了起來。

面對現實是痛苦的，但為了生者與亡者的平靜，再難還是得面對。凱文上前陪伴母親一同面對這件事，就這樣，有了相互依靠的力量，母子倆一起跪下，一起面對亡者至親。

「老伴，你死了……哇哇哇！」

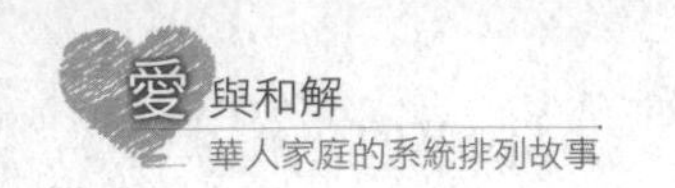


承認事實，真正的哀悼開始了，哀傷湧現，母子倆伏在父親身上放聲大哭，全身顫抖，這哭泣聲伴著真正的哀悼，讓父親原本糾結的臉漸漸平靜，終於，他的雙眼可以輕閉起來……

就這樣哀悼開始流動，我留出空間，讓他們表達內心的悲傷。

過了一段時間後，哭聲慢慢平靜了下來。

我對凱文說：「告訴爸爸你的近況，請他不用操心，好好安息。」

「爸爸，我結婚了，現在已經四十多歲了，我有一個兒子，我們過得很好，請你不用擔心，媽媽也很好，請你不用擔心。請你祝福我們，祝福你的孫子能夠健康快樂地長大。」

父親臉上浮現安詳的笑容，雙眼整個都閉上了，所有家人也都平靜下來。

「如果我們一直抱著秋天的枯葉難過，就沒有辦法看到春天新生的嫩芽。然而，生命就是這樣循環不斷，生生不息地走下去。」我有感而發地鼓勵他們。

是的，生命循循不斷，生生不息，父愛母愛的力量也代代相傳，此時，凱文已能笑著對自己、也對孩子承諾：「孩子你不用再害怕了，爸爸會好好活下去，爸爸會讓自己開心地活下去！」

## 孩子會承接家中未完成的情緒

面對心中多年的傷痛需要極大的勇氣，有許多人一輩子都不願或不敢面對，但是爲了孩子卻什麼都能豁出去，父愛、母愛的偉大，如同凱文的勇氣一般令人敬佩；然而，我們也要理解這背後的心理學基礎，才能在生活中富有覺知地活用。家庭是一個系統，就像一個有機整體一樣，成員彼此相互影響的力量之大超乎我們的想像；家中未解決的事、未完成的情緒會由成員一起承擔，尤其是家裡抵抗力最弱的孩子，因此，孩子就像家庭的鏡子，這些未竟之事會從孩子身上反映出來。如果孩子出現不尋常的莫名情緒、特殊反應或行爲與症狀，這些都是訊息，提醒我們該好好檢視孩子在說些什麼？家族系統中是否有什麼樣潛在的信息、隱藏的動力、被排除的人或未竟的事物正等著我們去面對？

同時，每個家庭系統都有圓滿自身的趨力、擁有自我調整的能力，因此孩子的這些反應也是一種敦促的力量，敦促這個家去圓滿這些未竟之事，朝向更好的方向繼續成長，也因此，我們要把家庭的脈絡、家庭的事件當成讓孩子學習的工具。

## 流動法則：面對家族的創傷

最常見的未竟之事之一，即是突發的家庭事件所帶來的創傷。「創傷」有時是個人的經驗，例如突然發生災難、意外等等，像是發生四川地震和台灣九二一地震時，有些人在地震結束之後仍感到驚慌，而有些人過一段時間就恢復了。那些在事件結束後已有一段時間，但仍會感到害怕、影響到生活功能的人，在心理學上稱爲「創傷後壓力症候群」（PTSD）。

但我發現到，有些創傷是整個家族性的，我稱這些創傷爲「家族創傷」（family trauma），也就是當家人發生意外或因疾病而突然死亡時，這樣的事情對整個家庭來說也是一種驚嚇，因爲太突然且令人不知所措，不僅這個家的生命力凍結住，對這個人的愛也凍結住了。

這會對我們造成什麼影響呢？我們的生命力有一部分會停頓在事件發生時的歲數，造成我們無法用百分之百全然的生命力來生活。通常當事人並不自知，卻會在無意識中產生莫名的情緒，或是發生意外、疾病與失敗，甚至有時無意識地走向死亡，自己卻沒有覺察到；更嚴重的是，如果家庭中直接經歷事件的這一代成員沒有眞正去面對，或沒有一個完整的哀悼，這種壓抑的情緒會轉變為家庭裡隱藏的動力，有時甚至會持續影響第三、四代。被影響的後代家庭成員，即使他們沒有直接經歷過這個事件，卻會產生與創傷者相同的情緒或行為，就像也得到創傷後遺症一樣，這也就是為什麼有家族創傷的家庭，他們的孩子也容易擁有莫名情緒的原因。

創傷要如何療癒呢？

只能用愛療癒。要讓愛流動，生命力才會流動。

但是，親人已經過世的話，我們該如何面對？

親人雖已過世，但未解決的創傷卻存在於我們的心、存在於整個家族的集體潛意識裡。系統排列可以幫助我們療癒這個創傷，方法是透過系統排列的代表角色，請有經驗的人代表過世的親人，讓他或她躺在我們前方的地面上，而我們則蹲在或跪在這位親人代表的身邊。可能的話，建議也讓孩子參加，一同跪在這位親人代表身邊，重新面對生死的哀悼與離別，重新建立一個新的身體經驗與視覺畫面，讓整個表達和哀悼過程成為深度情感流動的經驗。整個過程往往非常感人、非常深刻，它能幫助我們融化凝固住的心結，讓凍結的愛與生命力開始流動。

當我們可以站回自己的序位接受生命的無常變化，過世的親人不但能因此得到安息，也會很高興地看見我們尊重他們的命運，而且好好地活了下來，不但沒有被打敗，相反的還過得幸福快樂，如此一來，他們自然很樂意庇佑後代的子孫。更重要的是，我們的孩子不再需要爲這個家承擔未竟的情緒，他們可以從我們的身上學會如何面對生命的無常，迎接生命當下全新的力量。

## 內在排列：對突然過世親人的祝福

現在你準備好站回自己的序位，讓過世的親人安息了嗎？切記，請在你自己可以接受的情緒範圍內，在心裡帶著愛，慢慢地完成這個祝福的過程：

現在請以端正的姿勢坐著
腳底接觸地面
感覺大地的支持
從心裡來看看我們家裡的一些人
那些曾經出乎意料過世的親人
不管是意外或自殺
只要是在此時此刻　你心裡所浮現的人

如果你現在暫時沒有想到
也沒有關係

你只要想像

在我們的面前

是我們家族裡這好幾代來

那些曾經發生不幸死亡的人

或者是此時此刻在我們心裡

所浮現的任何人

他們的過世

是我們不願意去面對

無法割捨

還沒有辦法放下的

現在，請你真正看到他們

帶著一點愛

看著他們

然後對他們說

「我看到你了

我看到你了

不管你發生怎麼樣的遭遇

我尊重你所發生的事

我尊重你的命運

你會永遠在我們心裡有一個位置

我會把你對我們的愛

好好地傳下去

我會從你的身上

學到生命要帶給我們的功課

我更會好好珍惜我的生命

用這個生命來做一些事情

讓你們的精神

可以繼續地流傳下去

讓你們的死不會白費

請你們安息吧」

現在　請用你的方式對他們表示尊敬

可以鞠躬或是磕頭

以符合你跟他的關係的方法表示尊敬

回來的時候　記得同時也帶著他們對我們的祝福

慢慢地站直腰來

往後退一步

回到自己的位置上

案例

## 家族的黑洞——孩子的不良行為

孩子是家庭的鏡子，所以我們不能只看到孩子表面的行爲，還要去了解這些行爲的背後是在爲這個家說什麼。

良城和美玉是一對很認真學習的父母，他們為了孩子仁耀的問題，到處請教人、到處上課，只因仁耀雖是個國中生，卻賭博、混幫派，還欠錢未還，讓這對父母很頭疼，盼望孩子的偏差行為能有所改善。有次我受邀到花蓮講課時，他們便帶著仁耀一起來上課。

我請這一家三口坐到前面，仁耀很不情願地跟著爸媽一起過來。他將雙手交叉在胸前，翹起二郎腿，一副很屌的樣子坐著，彷彿心裡嘀咕著：「我才不鳥你們大人在搞什麼鬼！」

「唉！他就是這個樣子。」媽媽說。

「在學校愛賭博，還交壞朋友。」爸爸瞪著孩子說。

「你或你太太在家裡也有賭博嗎？」我問。

「沒有，我們都沒有賭博。」

「所以這孩子的行為並不是從你們那裡模仿來的。」

「是啊！我們很擔心他，因為我們能夠做的都做了，可是這孩子仍然這樣。」

「好，我們來看看，孩子這些行為的背後在說什麼。」

我請三個人分別代表爸爸、媽媽與仁耀，再請良城和美玉把彼此的關係位置排出來。

他們把自己排在一起，把孩子排在他們的身邊。但是，咦，有趣的事情發生了，代表仁耀的人站姿就跟仁耀本人一樣，也是雙手抱胸、抖著二郎腿，一副很屌的樣子，氣質與仁耀如出一轍。代表並非刻意模仿仁耀，但身體很自然地就呈現出這些動作。

而且，更重要的是，即使爸爸媽媽在旁邊，仁耀的代表也不太注意他們，彷彿一直被前面的某個力量所吸引。

「你們家有發生什麼事嗎？例如有沒有人被排除呢？」

良城和美玉想了一會兒，搖搖頭。

突然間，美玉想起了：「我有個弟弟，就是這孩子的舅舅，因為常常跟家裡借錢賭博還混幫派，欠了家裡很多錢又不還，所以家裡每個人都恨他恨到咬牙切齒，大家都要跟他斷絕關係，把他排除在家門之外。」

我想，或許這位舅舅與這件事有關：「好，我們來測試一下。」

我請美玉找了一個人代表自己的弟弟，並把他加進排列裡。在沒有任何指示下，美玉把弟弟排在一個離大家非常遠的地方。

這時候，家庭裡隱藏的真相終於被揭露了，仁耀的代表被舅舅吸引，一直往他的方向靠近，再靠近，最後他移動到舅舅身邊。站在舅舅身旁，反而讓他感到很有親切感。

美玉納悶道：「好奇怪？仁耀跟他的舅舅很不熟，但是為什麼他會這樣靠近他舅舅呢？」

「是的，這也是我從上萬個家庭所看到的。從這個排列裡，我們看到隱藏在你們家裡深層的影響力量，也就是妳弟弟的位置被你們家排除了，這好比在你們的家庭系統製造出一個黑洞，而妳的兒子被吸引去填補這個洞，所以有著跟他舅舅相同的行為模式。」

「你的意思是，仁耀的行為模式跟他的舅舅有關係？這聽起來未免也太奇怪了。」

「妳會這樣想也很正常，因為我們所受的教育是以物質科學為主，對於心理學的認識比較少；但這是早就發現的一個心理學法則，而且經過全世界成千上萬的個案驗證過。」

「你可以告訴我這是什麼法則嗎？」

「這是『序位法則』，也就是我們的家庭事實上是一個整體系統，只要是這個家族系統的一份子，都有屬於這個家的權利；不管他的行為如何或發生什麼事，他在這個家永遠都有一個位置。但是妳的弟弟被排除了，這便違背了『序位法則』。

如果屬於我們家族系統裡的人被排除了，這時候就會產生一個黑洞，而家中的其他人會被吸引去填補它，彷彿取代了之前這個人的位置一樣，並在無意識裡認同他，因而重複這個人的行為模式與生命遭遇。也就是說，因為妳弟弟的位置被你們家排除了，這時候產生的黑洞吸引著妳的孩子去填補，因此有著跟妳弟弟相同的行為模式。」

美玉半信半疑地看著我。

「妳不需要相信我，我只是把我所觀察到的告訴妳，它已經幫助了全世界許許多多的人，但妳必須用自己的經驗來經驗它。」

「那麼，我該怎麼辦呢？」

「你們對妳弟弟的心態要轉變，這將是解決問題的關鍵所在。」

聽到「解決問題的關鍵」，美玉眼睛一亮，因為他們已經為孩子的問題困擾很久了。

「好，不論如何，我都願意試試看。」

「試試看還不夠，妳要真正發自內心地改變才有效果。妳願意嗎？」

「好，我願意。」美玉點點頭。

「頭不要點得太快，妳是否能發自內心辦到，等一下就知道。」

我請美玉本人靠向弟弟的代表，面對她弟弟。

「現在，妳要向妳弟弟道歉。」

「什麼！道歉？」美玉大叫。「是他跟我們借錢不還，為什麼我們要跟他道歉？」

當美玉如此反應時，弟弟的代表退得更遠了，而他的兒子仁耀也跟在他身邊，一起退得遠遠的。

「看到了吧！當你們把妳弟弟排除時，妳的兒子就會繼續跟著他，重複他的行為，並且離你們越來越遠了！」

美玉非常震驚，她無法接受眼前所看到的事實。

「那我該怎麼辦呢？」

我解釋道：「向妳弟弟道歉，不是要妳認同弟弟欠錢的行為，要道歉的是你們把他排除在這個家族之外。妳要在心裡重新接受他是妳弟弟，讓他在這個家有一個位置。」

美玉似乎開始了解，漸漸領悟到其中的道理。

「弟弟，對不起。我們因為對你欠錢的行為很生氣，才把你趕出這個家。你有錯，我們也有錯，我們不該把你排除在外。弟弟，對不起。」

美玉的眼眶開始有些泛紅。

「當初叫你不要再賭博，你就是不聽。現在變成這樣的下場，你還要跑給債主追，我們也幫你還了一些錢……爸爸媽媽看到你這樣子也很難過……」

我引導美玉：「我們不希望你發生這些事，你要對你自己的行為負責；可是我要讓你知道，不論如何，你永遠都是我的弟弟，你永遠是我們家的一份子，我們都希望你過得好。」

說完之後，美玉的眼淚滑落下來，畢竟都是一家人，心裡還是有愛。

「對不起，弟弟，對不起。現在我重新在心裡給你一個位置，你永遠是我的弟弟。」

就在這時，弟弟的代表開始有了一些變化，他慢慢靠向他的姊姊，越來越靠近、越來越靠近，最後他來到她的面前，向美玉微微彎身鞠躬。

美玉握著弟弟的手，帶著激動並流著淚說：「你永遠是我們的家人，我希望你過得好。」

當弟弟重新被美玉接受時，兒子仁耀的代表也開始靠近他的父母，並且走回父母身旁孩子的位置。接著，奇妙的事情發生了，原本坐在一旁，雙手抱胸、翹著二郎腿的仁耀本人，竟然放下雙手、平放雙腿，坐姿不僅變得端正，也回復到國中男生應有的清純模樣，臉上還散發出稚嫩的笑容，彷彿變了個人似的。

在場眾人無不感到驚訝。

其實這並不神奇，只要我們可以回到屬於自己的序位，並且尊重每個人的序位。當孩子不用再取代大人的位置時，他就可以做回自己了。

## 整體與序位雙法則：解除牽連糾葛

在這個實例裡，我們再次看到「整體法則」與「序位法則」運作的力量。

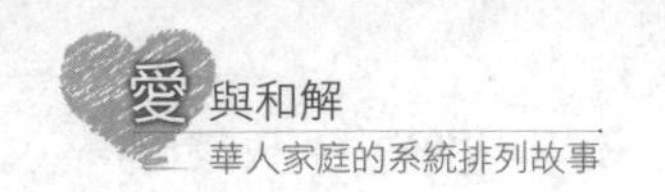


我們先來複習一下，什麼是「整體法則」與「序位法則」？

「整體法則」是指，只要是這個家的一份子，都有屬於這個家的權利，永遠都有一個「位置」，不管他的行爲如何或發生什麼事。但我們往往因爲某個家人的行爲不合家裡的要求而在心裡排除他／她，比如賭博、酗酒、犯罪等；或者更常見的是因爲他／她發生一些我們難以接受的事，好比夭折、自殺或意外，於是我們在無意識中將他／她遺忘或排除，彷彿他／她在這個家不再有地位一樣。但這些都違背了整體歸屬的法則，所付出的代價便是莫名的情緒行爲、重複的悲劇，嚴重者甚至妻離子散、家破人亡。這個法則影響深遠，卻經常被我們忽略。

「序位法則」指的是在家庭裡的「長幼順序」，也就是傳統「長幼有序、兄友弟恭」的觀念，晚輩要尊重長輩、長輩要愛護晚輩，這是衆所皆知的道理。

現在，從良城和美玉的例子中，我們看到了「整體」與「序位」雙法則如何共同運作著。雙法則的共同運作包含兩部分，一是「順序」，一是「位置」，意思是在家族系統裡，每個人按照自己進入這個系統的時間而有先後「順序」，而且都在這個系統裡有一個「位置」，都有歸屬於這個系統的權利。

我常用一個概念來比喻：人的家族是一個小宇宙，太陽系是個大宇宙。太陽系家族有九大行星，每個星球都有一個位置，就像一個家庭系統裡，每個人都有一個位置一樣。想像一下，如果有顆星球被排除、被移走了，等於產生了一個黑洞，整個太陽系會試圖去填補這個黑洞以達到新的平衡，但這麼做卻造成太陽系裡每顆星球的軌道產生極大變化，嚴重者甚至相撞並毀滅。

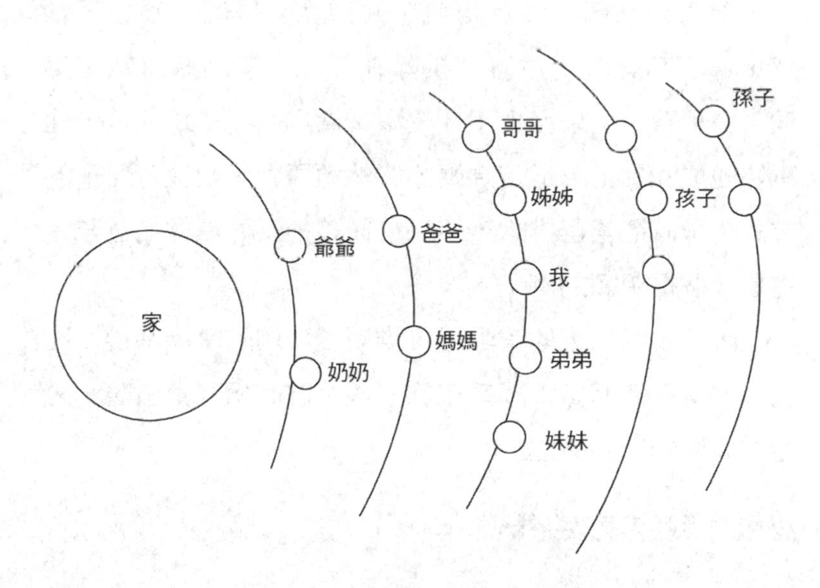


圖 2　以星系概念理解家族系統

同樣的道理，每個在家族系統裡的人都要有屬於他的位置，如果他的位置被排除了，這時候就會產生一個黑洞，家裡的其他人會被吸引去填補它，也就是說偏離自己的軌道而去取代被排除者的位置，並在無意識裡產生認同，重複被排除者的行爲模式與生命遭遇，海寧格將這種現象稱爲「牽連糾葛」（Entanglement）。

例如之前我有個個案，是位媽媽向我求助，她一直不承認她的先生，因爲是先生強暴她才導致她生下這個兒子，但這位媽媽不願意讓兒子知道生父是個強暴犯，當然，這表示父親的位置被排除在外，爸爸的位置是個黑洞。猜猜看，後來發生了什麼事？當這個兒子長大後，他也快變成強暴犯，這時媽媽才突然領悟到，她教育兒子的方式是一直把爸爸排除，結果最後孩子反而更像他爸爸。這是一個很明顯的例子。

因此，接下來的重點是，誰屬於我們的家族系統？因爲我們會與他們像太陽系家族一般，彼此相互牽引著，分擔著共同的家族命運。

## 誰屬於我的家族系統

並不是每個親戚都屬於我們的系統，只有一群特定的人屬於我們的系統，也就是會造成牽連糾葛力量的這群人，它包括了「血緣關係」及「非血緣關係」。本章先介紹血緣關係的系統，後續章節將介紹非血緣關係的系統。

血緣關係系統包含：我們的孩子、我們自己、我們的兄弟姊妹，還有身為上一代的父母與父母的兄弟姊妹，也就是我們的叔伯姑舅姨等，再來是祖父祖母、外公外婆，有時還會加入一到兩位曾祖輩。這些人都屬於我們的系統，不管他們還活著或已過世，唯有在這個系統裡都有個位置，這個系統才算完整。

我們可以想像上述的這些人，都像太陽系家族軌道裡的成員，無論如何都要有屬於他的位置，這個家族系統才能平衡運作。但我們常會有盲點，比如某位家人過世而被忽略，或某位家人做了有損名譽的事讓我們在心裡把他排除，這些都代表著他在這個系統裡的位置沒有被承認，如此一來將造成家族系統的失衡。

所以，我們會與哪些人成為同一個家族都是緣分，因此我們要從中學習，學習尊重、平衡、完整性、如何相愛、如何與家人互動、如何在心裡給每個人一個位置，以及對死去的親人該為他們做什麼等等。因此，中國「祭拜祖先」與「祖德庇佑」的傳統是有道理的，以關係法則的角度來看，就能了解祭拜祖先是對家族系統中長輩序位的尊重，家族系統的巨大力量雖帶來牽連糾葛，但也能帶來支持與祝福。這種「整體」與「序位」雙法則和中國傳統家庭倫理不謀而合，都在幫助我們朝向更和諧完整的關係，如果我們能發自內心尊重並領悟這些法則，家族系統就能發揮支持與祝福的力量，同時，我們也能圓滿身爲同一家族的緣分。

## 尋根之旅，畫出家族系統圖

現在，我們知道哪些人屬於我們血緣關係的系統了，以下是一份很重要的作業，可以幫助我們找到自己的序位，圓滿家族的緣分。這麼做不只是為了自己，也為了你的家人，現在請依下列步驟進行，開始踏上尋根之旅吧！

**步驟一，畫出系統圖**：請拿一張紙，把血緣關係家族系統的成員畫出來，並標出每個人的身分與位置。不管你知道多少，試著把他們畫出來。

**步驟二，了解家庭故事**：把你所知道的事情，註記在這些人身分的旁邊。

以下這十個問題是線索，也是進行家族系統排列時，事先需了解的事項。請了解自己與父母的：

1. 家中是否有人早逝、早夭？
2. 年幼時，雙親是否有人過世？
3. 是否有家人被送走，或有領養、私生子？
4. 父母是否為彼此的第一任關係（是否之前有結婚、訂婚、關係密切的情人）？
5. 是否有過流產、墮胎？
6. 是否有家庭祕密（例如成員被排除在外、遺產分配不均、不當得利等）？

7. 是否有犯罪事件（如謀殺、被殺、傷害行爲等）？

8. 家族中是否有重大疾病、行動障礙或成癮習慣（如毒癮、酗酒、賭博等）？

9. 是否曾有家人發瘋、自殺、暴力事件？

10. 是否曾有移民？

請把上述的家庭故事信息，寫在你所畫的成員旁邊。

**步驟三，在心中給予位置**：看著家族系統圖，逐一在心裡給每個人一個位置並祝福他們，尤其是曾經發生特殊事件的家人，他們往往被家裡排除或遺忘。做的時候請發自內心，用一天一位的方式，非常緩慢地向他們鞠躬，越慢越好，並且在心裡給他們一個位置。

**步驟四，未來還可以補充**：在適當機會或家人聚會時，向你的父母或長輩詢問家族裡的歷史，了解家族裡有哪些人、哪些人的生活過得比較特殊、曾經發生過哪些特別的事等等，並將他們增加到家族系統圖裡，然後在心裡給他們一個位置。

請將這張圖留下來，後面章節的另一個功課會把「非血緣關係」的成員也加上去，讓這張家族系統圖更加完整。

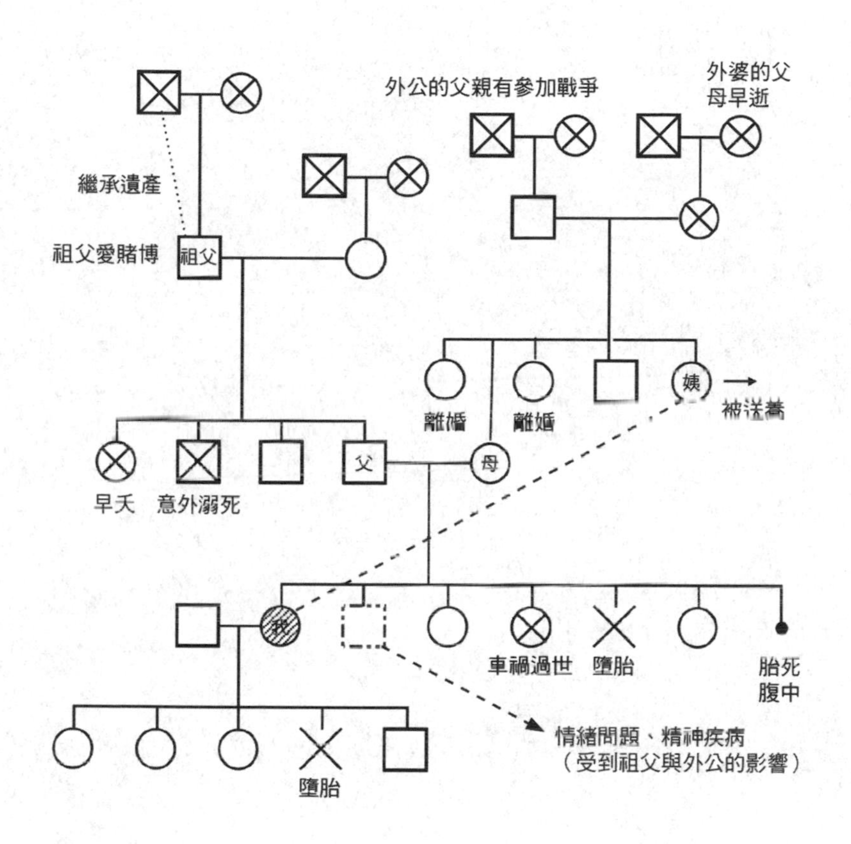


血緣關係

認同

不當得利

□：代表男性
○：代表女性

圖 3　血緣關係的家族系統圖

# 手足親人關係

不信你看著吧！越是不盡倫常道的人，如父母不慈，子女不孝，兄姐不友，弟妹不恭，朋友不信，將來越吃苦受罪，沒有福享，準是苦惱無邊呀！

——清末民初知名大善人 王鳳儀

## 家族：命運共同體

中國大思想家、大教育家孔子將家庭比喻成身體，家庭裡每個成員都代表身體的不同部位，組成了一個不可分離的整體：父子的關係就像頭和腳的關係，丈夫和妻子是身體的不同部位，兄弟是四肢手足，因此家人之間關連緊密，就像一個身體系統一樣，承擔了共同的家族命運。

然而，手足親人間爲什麼會失和？

從這十多年上萬個家庭諮詢經驗中，我歸納出三個最主要的原因：

**第一是序位錯亂**：當親人或兄弟姊妹間對長輩沒有尊重、對晚輩沒有友愛、應該在家裡有位置的人卻被排除、遺忘或忽略時，就會產生序位錯亂。

**第二是金錢糾葛**：當家族裡或與他人有財物上的不平衡或不當得利現象時，就會產生金錢糾葛。

**第三是殺害或謀殺事件的影響**：當家族裡或與他人發生殺害、謀殺，所有與加害、被害有關的生死事件未和解時，就會發生手足親人間的失和。

上述的情況不管中外皆然，人們往往都在付出慘痛的代價後才領悟它的力量。

我們要如何儘早領悟呢？要從我們老祖宗的經驗裡尋找智慧，要結合關係法則並進行活用，還要從自己或身邊人的故事裡得到教訓。

五千年來，中國發生的家庭問題何止萬千，因此我發現古人早有明訓：「兄道友，弟道恭，兄弟睦，孝在中。財物輕，怨何生；言語忍，忿自泯。」這背後的精神與我從上萬個系統排列工作中所獲得的總結相通相應，因此，越早學習老祖宗的智慧、學習關係法則，真正以心領悟並腳踏實地去實踐，將可以減少許多家庭失和與不幸的命運。

以東方傳統智慧為本體，同時結合西方心理學系統排列的操作經驗，我觀察到影響我們家族命運的人，除了有血緣關係者之外，還有一些「非血緣關係」的人，這些人的影響如同我們的家人，有的甚至更加緊密而深遠，如同孔子所比喻的，這些人就像是一個身體系統，與我們承擔了共同的命運。

案例

# 你是我們的一份子——手足的序位

你們死了，而我卻活了下來——存活者要克服這種罪惡感，而且要讓自己活得更快樂，這樣才能將快樂分享給死去的手足。

台北的梓彤是個小兒科醫師，即使在醫學上擁有豐富經驗與專業地位，但她仍謙虛向學，特別來參加我的成長訓練班，希望在系統排列關係法則裡有更深入的學習。

這天，我們談到了手足間的情感問題，一向嫻靜的梓彤主動爭取了這個排列的示範機會。

我看了看梓彤，她露出不常見的手足無措，雙手緊握，看得出她非常緊張。我對她笑了笑，她也勉強地擠出笑容。

「我們要探討什麼呢？」

「我們家有四個兄弟姊妹，但是彼此的感情很疏離。」在她陳述的言語中，帶著一絲的緊張。

我回道：「以我的經驗，我覺得妳不只有四個兄弟姊妹。」

接著我看了看梓彤，再次篤定地對她說：「你們家不只四個兄弟姊妹。」

現場陷入一陣寂靜。

過了一會兒，梓彤開始娓娓道出這段故事：「我爸爸的前任妻子生了三個小孩，老大是男生，出生後不滿一週就過世了；後來她又懷了雙胞胎，但生產的時候難產，雙胞胎和大媽都因此過世。之後，我爸爸娶了媽媽，生下了四個小孩，前面兩個是姊姊，然後是哥哥，我是老么。」

「喔！所以加上同父異母的三個兄妹，你們總共有七個兄弟姊妹囉！雖然大媽及三個小孩都在生產前後過世，但他們還是妳的手足。」

聽完這段故事，就可以理解為什麼梓彤的職業是醫生，而且是個小兒科醫生，甚至她的哥哥也同樣是醫生。這說明了我們會在無意識裡想為家族承擔一些事，甚至影響職業的選擇。

我問道：「哥哥的壓力很大，他是不是常常想要離家？」

梓彤點頭默認。再次開口時，她悠悠地說：「我們在台北，哥哥在台南，我們並不常往來。」

「你哥哥是唯一活下來的男生，可以想見他為這個家承擔了許多重擔。」

當然，四個存活下來的小孩，每個人內心也都充滿了無形的壓力，彷彿在訴說著：「你們死了，而我卻活了下來。」這種內在的聲音充斥於四人的潛意識信息中，他們不知不覺地不敢讓自己活得太快樂，每個人內心或多或少都承擔了一些罪疚感。這些罪疚感來自於這個家族一直忽略了這些家人，不認為他們也是家族的一份子，因而沒有好好接受這些過世的家人。

於是，我開始引導梓彤重新面對他們。

我邀請了六個人代表梓彤的所有兄弟姊妹。梓彤雖然是第一次看著同父異母的過世的大哥，以及沒有出世的兩個雙胞胎手足，冥冥中卻感覺有份特殊的連結，臉上也透出陣陣的憂鬱與慘白。

我請梓彤對他們介紹自己：「你們是我的哥哥和姊姊，很可惜，你們沒有活下來。我是你們最小的妹妹。」

梓彤的眼眶開始泛紅，面對過世的大哥，她重新有覺知地承認他的序位：「哥哥，你才是我們的大哥，你是老大。」

手足間的首度重逢竟格外辛酸。雖然只活了不到一週，但事實上，他仍然是她的大哥。

接著，梓彤轉向在難產中過世的大媽及雙胞胎姊姊：「大媽，你們死了，跟兩個姊姊一起死了，這真是一件非常令人難過的事……」

「親愛的姊姊，很可惜你們沒辦法活下來。」梓彤汩汩地流著淚，牽起雙胞胎姊姊的手。

我說：「原本懷孕生子是件喜事，結果卻變成一件喪事，發生這樣不幸的事，我想妳爸爸一定很難過、很痛苦，而且他應該是站在第一線面對的人。」於是，我邀請三位成員分別代表梓彤的爸爸、媽媽與大媽，讓他們也一起面對這件悲傷的事。

只見爸爸難過地蹲下來，撫摸著過世的妻子，彷彿訴說心中的自責與難過，所有的感傷在這一瞬間湧出：「唉！」

此時，無聲的淚水勝過千言萬語。

深情的哀悼，也重新賦予了這件大家不敢啟齒、無法面對的事實一個尊重的歸屬；同時也是藉著系統排列的過程，這家人終於有機會可以深深地哀悼這壓抑數十年的不幸。

接著，爸爸向媽媽介紹不幸過世的前妻及孩子：「這是我的前任太太，他們是我的孩子，他們都死了。」

緊接著，媽媽也深情面對大媽並真心地感念：「我是妳先生後來的太太，妳在我的前面。沒有妳的過世，我不會跟先生在一起；沒有妳的離開，就沒有我現在的家。很可惜妳沒有辦法活下來，我看到妳的不幸，我會做一些好事情來紀念妳。」

這時候，大媽的眼睛終於可以閉上了，而活著的兄弟姊妹也有一些變化。

原本梓彤哥哥的生命力似乎一點一滴跟著過世的手足流失，我們可以觀察到他肩膀上所承擔的重量大過其他活著的三個妹妹，而且四人之間幾乎沒有互動；此時，我引導梓彤對哥哥深情的呼喊：「哥哥，謝謝你也看到他們，請你好好地活下來，讓我們一起為死去的兄弟姊妹做些好事來紀念他們。」

聽到梓彤真情流露的告白，哥哥一步步邁向她，眼神開始浮現出希望，與先前的無奈相距甚遠。同一時間，兩個姊姊也不約而同地靠近，四個兄弟姊妹第一次產生交集，他們含著淚水，彼此圍成一個圈，手牽手地共同面對過世的兄弟姊妹，因為唯有這樣的面對，才能讓疏遠的情感再次凝聚起來。

現在，七兄妹終於團圓了！

我對梓彤說：「把這個畫面放在心裡，不要急著做什麼。等到妳心裡想做些什麼時，才自然地去做，那時它才會成為妳自己的力量。同時，在適當時機可以跟爸爸聊聊他心裡關於前妻的感受，並一起為你們過世的手足做些好事。」

不到兩個月，梓彤回來繼續參加訓練課程。她很高興地告訴我們，她已開始為過世的兄弟姊妹與大媽做一些好事，而且兄弟姊妹之間也比較有話說了，溝通變得較順暢，感情也開始有進步了。

太好了，繼續加油！

## 序位錯誤，手足疏遠

兄弟姊妹爲什麼會疏遠、爲什麼會失和呢？最常見的是，他們不在自己的序位上，比如以爲大哥是父母第一個孩子，但他其實不是，眞正的老大沒有被尊重，反而被後面的弟妹占了位置，兄弟姊妹的序位因而錯亂，從梓彤的例子可以看見，即使是同父異母的兄弟姊妹或小時候夭折的孩子，都要有屬於他們的位置。這也是我們一再強調的「序位法則」，當兄弟姊妹的序位發生錯誤時便違背了「序位法則」，也就出現了彼此疏遠或失和的情況。由此可知，「序位法則」無所不在。

## 失去手足的影響

如果手足不幸過世——即使是難產或是很小就夭折——活著的兄弟姊妹會在無意識裡有罪惡感，認爲自己得到的比他們多、爸媽照顧自己比較多但照顧他們比較少，於是自然地想去平衡，想彌補些什麼。然而這種彌補是無意識的行爲，最常呈現出兩種傾向：一種是負面傾向，也就是讓自己失敗或是讓自己不快樂，彷彿藉此告訴死去的手足：「我也過得不好，所以我不必再感到罪惡，我們現在扯平了。」但是很可惜，這種彌補的方式並沒有幫助，反而更加侮辱了死去的兄弟姊妹。

另一種是正面傾向，如同梓彤的案例，活著的兄妹成爲醫師幫助更多人，雖然他們之前不知道自己爲什麼會當醫師，卻在無意識裡朝向這個方向。這是一件好事，但問題出在這是**無意識的補償行為**，當事人沒有覺知到背後的動力，因此在工作上會發生讓自己做得過多、過度耗竭的情況。

每當有手足過世卻沒被承認時，活著的兄弟姊妹會容易做太多，這是因爲他們在無意識裡替過世的手足多做一份工作，拚命卻不知所以然地把自己壓得喘不過氣。但是，如果我們是有意識地在做這些事，以有覺知的愛來進行，帶著心裡面有他們位置的方式來做，我們的內在會升起一種完整的感受，生活也會過得更健康平衡。

舉例來說，梓彤現在知道她為什麼會當醫生了，往後，當她對這些小病人有所幫助時，就能在心裡對過世的哥哥姊姊與爸爸媽媽說：「現在我們又醫好一個孩子了，我把這些快樂與你們分享，我用這些成就回報你們。」這麼做，便使罪惡感的彌補蛻變成為愛的療癒。

## 前夫前妻與前任伴侶的影響

另外，系統排列有個重大發現豐富了現代心理學的內涵，那就是海寧格發現前夫、前妻與前任伴侶對第二任婚姻及孩子的影響。我們必須看見這個事實：正是第一任伴侶的分離或死亡，才有第二任伴侶的出現；正因為第一任太太「讓出位置」給第二任太太，第二任婚姻才能形成並生下後面的孩子。

如果沒有他們「讓出位置」，我們這些後代便無法出生，因此這位前夫／前妻或前任伴侶也是系統裡的一份子，他們的位置必須確確實實地被承認。如果相反的，他們的位置沒有被尊重，或是與第一任關係以一種不公平的方式結束，這時第二任婚姻就像從第一任婚姻的損失裡獲得好處，第二任婚姻會在潛意識裡覺得對第一任婚姻有所虧欠，想彌補第一任婚姻的損失，尤其第一任婚姻發生不幸之事時會特別明顯。在無意識裡所產生的彌補方式包括讓婚姻失敗、身體或精神上的不如意、工作或事業上的損失，或是所生的孩子認同前任的伴侶，造成親子關係失和或孩子未來婚姻破裂等等。

那麼，我們該如何改善這些情況呢？

首先，就自己的部分而言，和伴侶分手必須要公平，如果對對方有所虧欠，就必須報答對方；如果有心結未了，也要用適當的方式和解。倘若很難再遇到以前的伴侶，我們可以用對方的名義多做一些善事來回報，最重要的是，就算已分手，心裡仍然要給對方一個位置，承認對方是我們以前的伴侶。

對父母的前夫、前妻或之前的伴侶，我們要尊重他們，如果沒有他或她「讓出位置」離開，就沒有現在的我們；因此不但要確實尊重他們的序位，更要爲他們做一些善事來紀念，如此一來，我們就不再是以無形的損失作爲彌補，而是從不幸裡創造出更多美好的事物，這才是圓滿緣分的做法。

案例

## 金錢糾葛

維正是一名見聞豐富的企管顧問，兄弟姊妹也都是非常聰明的管理人才。三兄妹雖常關心彼此，但也經常吵架；每個人都很努力工作，但事業都非常不順；最特別的是，他們每個人都很會賺錢，卻都存不住錢。

自視甚高的維正認為，兄妹三人都十八般武藝樣樣精通，因此一定能改善彼此間的問題，而且經濟上一定會變得更寬裕，然而幾年下來，三人間越來越少溝通，工作及財務狀況每況愈下，甚至維正來參加課程時，還得分期付款才能繳清學費。

我對他說：「系統排列也能運用於金錢關係的探索，我們就來探索一下你們兄妹的關係以及跟金錢的關係，也許這兩件事是有關連的。」

我把三兄妹都排列出來，並找了一個學員代表「錢」，也把它排列出來。只見排列中，三兄妹都低著頭、互相離得遠遠的，金錢卻站在角落裡，沒有一個人關心它。

「你們沒有人關心錢，難怪留不住錢。」

三兄妹的代表也反應「好像對錢有罪惡感，不敢正視它」。

我問維正：「你父親在金錢上的狀況如何呢？」

「爸爸是個教師，生活過得很清苦，他和兄弟姊妹間好像也處得不好，似乎是因為遺產糾紛而鬧翻，之後再也沒有聯絡。」

「你的祖父輩呢？」

「我聽說曾祖父是非常富有的人，很會賺錢，但是我爺爺被認為是敗家子，他從曾祖父那裡繼承龐大遺產後，開始揮霍無度，賭的賭、捐的捐，最後家道中落。」

於是，我將曾祖父和爺爺加進排列。只見爺爺低著頭、向後退，曾祖父卻很有力量站著，他對爺爺感到很生氣，覺得他很懦弱，同時只有曾祖父一個人往錢走去，認為這是他的錢，想抓住它。

可是奇怪的事發生了。錢很害怕曾祖父，一直想躲開他。

「你知道你曾祖父的錢是怎麼來的嗎？」

「我不知道耶，好像是經商來的。」

「他是否曾經與人有金錢上的糾葛，從他人身上不當得利？」

「聽說他有跟外國人做過生意……我不確定是不是有賣過鴉片？或者有沒有跟其他人有金錢上的糾葛？」

「沒關係，我們測試一下就知道。」

我找了一個人代表錢的主人。當我把他加入時，錢變得非常高興，立刻想朝他的方向靠近，但曾祖父把它攔住了，因此三個人開始拉扯起來。

錢越想靠近它的主人，曾祖父就越死抓著它不放，嘴裡還大叫著：「這是我的錢！」

「真相大白了，很明顯地，這錢有問題。他們之間一定有金錢上的糾葛，而且從錢的反應看來，這些錢應該有一大部分不屬於你曾祖父。如果曾祖父所獲得的龐大利益是不當得利的話，那麼你們家族這些繼承的人，例如爺爺、爸爸等後代，不論是從中直接或間接地獲得好處，都要因此付出代價。」

「難怪我們每個人面對錢都有罪惡感，好像把錢留在身邊是不對的。那麼現在該怎麼辦？」

「你們要衷心懺悔！」

我引導曾祖父向與他有金錢糾葛的人道歉：「對不起，我拿了你們的錢。」

但是曾祖父不願意說出口。「這裡面有我的

錢！」他抓著錢不放，但錢一直往旁邊躲。

「這份金錢糾葛真深！我想裡面有一部分是你曾祖父的，一部分是對方的，但是你曾祖父想獨占。」

雙方僵持數分鐘，無法和解。

我靈機一動，請維正跪在曾祖父及有金錢糾葛的人面前，先向曾祖父說：「親愛的曾祖父，謝謝你，我是你的後代，謝謝你為這個家辛苦奮鬥，為這個家賺錢，我們從你身上得到很多，我們會繼續保有屬於我們的部分並把它發揚光大；其他不屬於我們的部分，我們也會妥善處理，請你不用擔心。」

維正三兄妹都向曾祖父磕了一個頭，這時曾祖父的手終於放鬆下來。

接著，我讓維正跪著對與曾祖父有金錢糾葛的人說：「對不起，我們家族從你們身上拿了不該拿的錢，現在我向你們道歉，我保證會用這些錢為你們做一些善事，請你們寬心。」

三兄妹也向對方磕了一個頭。對方也鬆手了。

現在，錢終於可以安定地站在曾祖父和對方的中間了。我請曾祖父把屬於他的錢傳承下來，傳給「祖父、父親，最後傳到維正三兄妹身上。「現在，你們三兄妹聚在一起了，屬於你們家族的錢也得到了傳承，你們要用好好努力來表示對曾祖父的尊敬；同時也要將不當得利的錢轉為行善，從罪惡感中走出來並創造更多的愛與其他人分享。」

「我一定會照著做的。」維正向我點頭道謝。

兩年後，我聽到維正的事業越來越順利，業務量持續增加，不但清償了債務，還存了不少錢；也聽他提及兄妹都有了新的工作，老闆很賞識他們，他們的事業正在穩定中發展著。

我深深地祝福他們。

## 不當得利的損失

太自然裡有一股巨大的平衡力量運作著，涵括星球運轉、白天黑夜、男女陰陽，而平衡也是人類天生的本能之一，前面的章節便讓我們明白了兩性平衡的重要。

再者，人與人的金錢互動也需要平衡，如果金錢上有不平衡的對待或不當得利，甚至一方認爲有平衡，另一方卻認爲極不平衡，此時便會形成金錢糾葛，而這種失衡有可能牽連家人，一如維正家的實例。

所謂「不當得利」的意思是用不正當、不公平的方式獲取巨大的利益，也就是不義之財，無論是我們從別人身

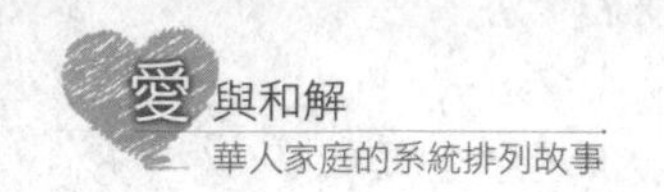


上獲得不義之財，或者別人從我們身上不當得利，都屬於這個範圍，例如侵占財產、詐騙土地、製造假貨、偷工減料等等，此時彼此間會產生糾葛，數目越大越不公平，糾葛就越深。爲什麼？因爲被欺騙者可能因此損失、破產，甚至自殺，並進而影響其後代子孫，是以心中的怨恨與不滿會持續詛咒著欺騙他的人，也因此當欺騙者獲得的不當利益傳承給後代時，後代也必須付出代價——表面上好像從不當得利中得到一些好處，但實際上我們可能得加倍奉還。

這些從系統排列無數個案中觀察到的律則，其實也常出現在報紙上或我們的身邊，例如某些大企業家族的第一代曾以不正當或不公平的方式突然變得很有錢，其第二代往往發生糾紛、互告、兄弟鬩牆或爭奪財產的情況，屢見不鮮。事實上，這種情況不只可在家庭或企業組織中觀察到，幾千年前，道家的智慧經典《太上感應篇》就提及：「諸橫取人財者，乃計其妻子家口以當之，漸至死喪。若不死喪，則有水火盜賊、遺亡器物、疾病口舌諸事，以當妄取之値。」且「死有餘責，乃殃及子孫。」這段文字的意思是：強占財物之人，其妻子家人會抵償罪過，甚至死亡；若不是死亡，則會藉由發生意外、遭盜、遺失器物、疾病、口舌等事故償還，而且即使當事人死去，剩餘的責任仍會殃害子孫。

是以根治之道在於回歸「平衡法則」：我們能變富有不是因爲把別人變貧窮；若我們曾有對不起人的地方，要改過懺悔、歸還不當利益或以其名義多做善事；別人對不起我們的，我們要以正當方式討回公道或原諒放下，並從中學習經驗教訓；提醒自己時時覺察起心動念，經營事業時抱持共榮雙贏的態度；對待大自然謙卑有愛，共創平衡和諧的社會。如此，貫穿古今的平衡法則便會依此回報——我們做什麼就會收到什麼，怎麼對別人，別人就怎麼對我們。

## 金錢平衡法則：除了雙贏外，多給予一點

經營事業求的是達成目標、永續發展，除了不貪求不當利益外，更進一步地，我們要積極地善用平衡法則。

如何善用平衡法則？

我們知道，當別人收到我們的「好」時，不管對方是否察覺，他的平衡本能都會運作，因此感到虧欠我們，此時若雙方銀貨兩訖、交易完成，彼此互不相欠，那麼這個關係就結束了，而下次的交易不知何時才會發生。但是，如果在平等交易、共創雙贏之餘，我們可以多給予對方一點好處，此時對方會有什麼感受呢？不管察覺與否，對方

勢必會在無形中感到需要回報我們，於是有好消息時，他可能會告訴我們、或者對我們的其他產品也有興趣，甚至很可能引薦朋友加碼購買產品等等，讓我們的生意永續發展、訂單源源不斷。許多成功的企業家都懂得這個道理，並且奉爲圭臬，但這並非利用人性弱點經營事業，或是期待對方一定要有所回報，而是了解背後有著金錢平衡法則的祕密：除了有形財富的平衡外，還有無形財富的平衡。

那些欺騙顧客的金融巨獸，例如雷曼兄弟等，雖然一時獲取巨額的金錢，卻欠下了大筆的無形財富，因此他們的錢絕對留不下來，而且還需要加倍奉還。相反的，許多公司或團體努力經營，並且帶著愛與奉獻在工作，例如著名的公益團體慈濟功德會，其總資產比許多世界前五百大企業還多，每年募得的款項數以億計，而且有無數毫無酬勞、任勞任怨的義工以身爲慈濟人感到光榮，其中不乏企業老總、博士、醫生等社會高層人士。他們爲何能如此成功？創辦人證嚴上人的理念正是大愛，她曾說過：「有形物質送給人，無形福氣給自己。」這句話足以說明原因：因爲他們善用平衡法則。

事實上，深諳大自然法則的老子在《道德經》裡早已說過：「聖人不積，既以爲人己愈有，既以與人己愈多。」因此，多給予一點，多幫別人一點，不但可以帶來下一次好的循環的開始，更可以增加我們無形的財富——這就是金錢平衡法則的祕密。

案例

## 無意識的衝突——加害與受害

家族的祕密，有時不是我們的身分能干涉的，任何不敬的刺探都是一種冒犯。唯有帶著謙卑，這些祕密才會友善地對待我們。

遠離家鄉到深圳打工的王豔坐到我身邊，她看起來十分強勢，很有攻擊性。一開口，她便提到想了解弟弟、妹妹的狀況。

我和她分享了一個小故事：「據說，命運之神的面前有一個簾子。有個人很好奇，偷偷地掀開想窺探，結果卻看見前一個掀開簾子的人死在裡面。」

這是個簡單卻發人深省的故事，道出有時我們面對的真相是殘酷的，同時也提醒王豔，有些事不是一個姊姊該看的。

王豔沉思了一會兒，明白地點了點頭，說：「嗯，這是我要學習的，很多時候，我都太超過了。」

「很好，當妳帶著對家人以及對我的尊重，才能從中有所學習。」

明白了自己的角色位置，排列工作才能夠繼續，家族裡的老故事也才會越來越清晰。

王豔慢慢泣訴，在文化大革命時期，外公被姨丈檢舉私藏黃金而致死，享年才五十歲。排列過程中，王豔的弟弟與妹妹出人意料地靠向被逼死的外公，他們想保護他，但王豔卻靠向逼死外公的那群人。雙方人馬彼此對立，相互敵視著對方。

文革時期的衝突與上一代未解的心結，透過世代傳遞到下一代，王豔與弟弟妹妹在無意識裡承接了「加害者」與「受害者」對立的情緒，並在手足關係中重新上演這些衝突。

我對王豔說：「現在我們明白妳和弟弟妹妹衝突背後的力量，還有妳為什麼會令人感到如此有攻擊性的原因了。」

「難怪我弟弟他們不喜歡我，莫名奇妙地怕我。」王豔感到很委屈。

原來，這件大時代事件引發的仇恨中，加害者裡不僅有陌生人，更有自己的家人，要面對這個悲慘的命運與沉重的代價，何嘗容易……

我試著請姨丈與逼死外公的人向外公說：「對不起。」

然而一片沉默，他們想說，卻沒有勇氣開口。

加害與受害雙方就這樣僵持對立著。

時間一分一秒過去，無奈的意外讓人心痛，要怎麼給出原諒？不只受害者要有勇氣，加害者也要有更大的勇氣才能說出「對不起」。

「他害死了妳們的外公，但這是當時的歷史環境造成的，如果沒有那樣的環境，他不會做這件事。雖然他有責任，但你們也要知道這是不得已的歷史事件。」我提點著，接著又補充：「外公在受苦，他們何嘗不是在受苦？如果他們沒有安息，你們也無法安息。」

時間再度緩慢流逝，空氣像似凝結於當年的時空，充滿沉重、悲傷，同時還有悔恨……

此時我突然領悟到，有個關鍵人物必須加進來，那就是阿姨。她的丈夫害死了她的爸爸，她夾在中間一定非常痛苦。

當我將阿姨的代表加入排列時，她深深的哀號劃破了凝結的時空。

「哇！啊～嗚嗚嗚……」她絕望地趴在地上大哭。

這股力量開始軟化了姨丈，也軟化了其他加害者的心靈，只見姨丈立刻跪下，對著外公頻頻磕頭並哭了。

「對不起……對不起……作為一個黨員，這是我的任務；但作為一個人，我向你道歉……」

王豔也跟著哭了，在一片哭聲中，加害者們也向外公鞠躬。此刻，他們家所有在文化大革命中受苦的人，無論是加害者或受害者，終於都能平靜地躺下來，深深地嘆了一口氣後閉上眼睛。

「請你安息吧！」王豔哽咽地請外公安息。

我請王豔也對逼死外公的人說：「請你們也安息吧！」

「請你們也安息吧！」

我引導著：「我不再恨你們了。」

「……」王豔不大願意說出口，誠實的她坦白地說：「我還是有一點恨。」

「是的，巨大的傷口要復原本來就不容易，但只要有心，這恨、這傷痛終會慢慢修復的。」就像眼前加害者磕頭道歉後，已能平靜地站起來。

「這對我們的生命是一項巨大的挑戰，想要和諧，就得超越對加害與被害的認同，從內心深處感謝前人們付出的一切代價。」我鼓勵著王豔及在場的每個人。

「而且，不管加害與被害，他們每個人都是為更大的生命服務著。」我帶著尊重指出這一點。

終於，王豔能平靜地面對加害者。

「我不再恨你們了。」她釋放了他們，也釋放了自己。

帶著平靜與身為姊姊的力量，王豔把弟弟妹妹抱在一起，靜靜地對他們說：「我也不再恨你們了。」

不再恨了，取而代之的是更多的祝福。我邀請現場所有成員站起來，一起為過去歷史事件付出慘痛代價的前人們，獻上深深的鞠躬與敬意。現場一片寧靜祥和，隱約間，那份祝福的平靜能量慢慢地環繞著每個人。

## 非血緣關係：另一群與我們命運連結的人

除了和我們有血緣關係的人對我們有重要影響外，還有一些跟我們有特殊緣分的非血緣關係者，也與我們的命運連結在一起，因此也屬於我們這個系統的一份子，不過他們卻是我們最容易忽略、但又影響我們極深的人。

「整體系統觀」是系統排列的重要發現之一。我們都活在系統裡，擁有家庭系統、社會系統和生態系統等，而且系統中的每個人都不是單獨一人，因爲系統裡有股力量把每個人相互連結起來。每個屬於系統裡的人都要有個位置，而且彼此相互連結、相互影響，因此了解誰屬於我們的系統便顯得非常重要。

有一群人與我們成爲一個最直接、最親近的系統，它包含著血緣關係的親人，與某些非血緣關係的人。有血緣關係的人包括我們的孩子、我們自己、我們的兄弟姊妹、父母、父母的兄弟姊妹，也就是叔伯姑姑、舅舅阿姨，再來是祖父祖母、外公外婆，有時還會加入一到兩位曾祖輩、外曾祖輩。無論他們仍活著或已過世，這些與我們血脈相連的人都是我們系統中的重要關係人。

此外 ，還有一群非血緣關係者也是我們系統中的重要關係人，他們在我們心裡都要被承認，在我們的系統裡都要有個位置。這些與我們命運連結的非血緣關係者，主要來源有以下三種。

1. **讓出位置**：由於前面的伴侶讓出位置，後面的伴侶才能進入這個家，因此這位前任伴侶也屬於我們的系統，例如我們的前夫前妻、前任伴侶，以及父母、祖父母、外公外婆的前任伴侶。以父親爲例，如果父親與母親結婚前有前妻、前任親密伴侶，是因爲他們的分開、因爲她

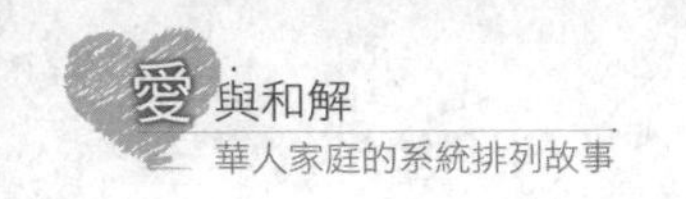


讓出位置，才讓我們的母親與父親結婚並生下我們，所以她對我們的影響也很大，同樣也屬於我們系統裡的一份子。

2. **不當得利**：不當得利的糾葛透過財產繼承，讓後代子孫同時繼承了這些未竟的怨恨與罪惡感，因此繼承者無論是直接或間接、受益或受害都要付出代價。接受不當利益好處的人往往家庭疏離、兄弟鬩牆、事業失敗或金錢蒙受損失，嚴重者甚至發生意外、生病致死，就像被詛咒一般。這些金錢與心念的糾葛將雙方的家族牽連在一起，金錢數量越龐大、怨念越深，集體潛意識裡越會形成一個糾葛的系統；而受害的家族也因爲心中不平、怨恨難消，讓自己與後代也捲入這個集體的糾葛系統裡，因此，就算我們是被害的一方，也要學習如何用好的方式化解糾葛並達到平衡，如此一來自己才能從中解脫。
3. **生死糾葛**：意指發生殺害、謀殺或意外，與加害被害有關的生死事件，例如車禍或傷害致死。不管是我們害死對方家人或者對方害死我們家人，這些事件都會讓彼此的系統命運連結在一起，變成一個大的系統。這是一種大的糾葛、透過生死所帶來的糾葛，所以這些人會影響我們與我們的後代，我們也會影響到他們的後代，因此造成加害者與受害者都一起承受未和解的情緒，如同王豔的故事。

再舉一個實例：有位中國案主的祖父本來是名大地主，因爲鬥爭的緣故被打入黑五類並被鬥死。在排列場上，我們看見祖父、父親與鬥死祖父的人彼此間有強烈的對抗及仇恨，但特別的是，祖父的後代子孫們也出現兩種對抗的情緒，一種是被害者的恐懼與憤怒，另一種是加害者的暴力與罪惡感。由於同一個家庭承接了這兩股對抗的力量，因而出現許多衝突與情緒分裂的情況。

當這種「加害」與「受害」的情緒延續到下一代時，往往出現家庭衝突、兄弟鬩牆或情緒上的問題，例如人格分裂、精神分裂與不穩定的情緒症狀。

## 整體法則：超越加害與被害

對於這些生死糾葛、加害與被害的事件，除了每個人要爲自己的所作所爲負責外，我們還可以從中學習到什麼？

「和解」是第一步，是許多家庭最重要的功課，也是許多人這輩子要學習的重點，但「和解」要如何產生呢？這需要一種內在成長的鍛鍊，鍛鍊自己能以超越的雙眼，超越對「加害」與「被害」的認同，看見所有一切都是在爲生命服務，這時候「和解」才有機會發生。當我們能在心中給每個人一個位置，不只看到自己，也看到對方，看到彼此都在受苦，也都想要平靜，如此一來對生命的認知就有機會覺醒，覺醒到原來我們是一個整體；當我們進一步深入地看著對方，看到對方內在的本質其實與我們內在的本質是一樣的，這時候愛就會開始流動，社會也能邁向眞正的和諧——一種眞正發自內心的和諧。

在中國的傳統觀念裡，這種超越加害與被害的思想稱做「緣分」，緣分的意思是，一群人因爲某種特殊機會相遇並發生一些事，而這樣的機會與事是超過人爲控制，它是由生命這個更大的力量所照顧著。當我們經歷這些事情時，若緣分圓滿了，事情就能過去；若緣分沒有圓滿、心中沒有和解，那麼它就會繼續發生影響，直到圓滿爲止。這已超越加害與被害的二分法，一切都是更大的生命整體的安排，我們都是這個生命整體的一員，透過緣分彼此相遇、相識與相愛；或者彼此相怨、相恨與相殺。但不論生命安排了什麼樣的形式，重點都是讓我們經歷並圓滿這段緣分，當我們經歷這一切，才會變得更加成長、豐富，變得越來越有智慧與愛心。

## 內在排列：和諧，來自內心

這是一個超越個人與家族的內在排列，一個支持歷史和解、社會和諧的排列，當越多人能發自內心來做，將越能支持我們所有人及下一代的內心，帶來眞正平安與和諧的力量。

讓我們向上提昇
向上提昇
提昇到一個更高更高的境界
提昇到一個一切平等
所有一切都有歸屬權利
所有一切都被平等對待的領域

在那裡　我們看到過去這塊土地上
曾經因為時代的因素
必須做出一些很艱辛　很痛苦的決定
我們看著因為時代因素
造成雙方人馬必須彼此對抗
彼此衝突　彼此殺害
也許這裡面有我們的親人

我們的長輩　我們的爺爺奶奶
甚至還有我們不知道名字的人
因為他們沒有辦法被知道
這裡面　也許我們的親人被迫害過
但也可能曾經迫害過其他人
這對他們每個人來說　都是非常痛苦的過程
我們帶著尊敬　謙卑的心
看著互相對抗的這兩群人

我們深深地向他們鞠躬
對他們說
「謝謝你們
因為你們所付出的代價
才讓我們擁有今天平安富足的生活
現在請你們和解吧
請你們好好地安息吧
你們所付出的代價不會白費
我會站在你們所建立的基礎上
帶給這塊土地　還有我們的後代子孫
更多成功　快樂　幸福　和諧的生活
謝謝你們」

然後　我們的視線越過他們
看向遠方　一個超越他們更遠更遠的遠方
看到他們背後那無限巨大的生命源頭
帶著無限金色光芒的生命源頭
所有這一切
不管是加害者　或者是受害者
都是為了這個更大的生命在服務

在這個更大的生命照顧之下
我們看著眼前對立的雙方彼此慢慢地接近
慢慢接近
看到他們最後融合在一起　不分你我
超越加害者及受害者的身分
看到他們一起轉身
面向背後這個巨大的生命源頭
那巨大無限的　金色光芒
照耀到他們身上
我們看著他們融合在一起
向著那無限巨大　和諧喜樂的金色光芒走去
向前走去

走進這個無限的光芒裡

回到生命的源頭

融入這道充滿祝福的光芒裡

然後他們轉身將那祝福的光芒也撒落到我們身上

我們接受這份祝福　這份愛

把它放在心裡

再一次　我們向他們深深地鞠躬

然後慢慢地回來

回到此地

此時　我們心裡面充滿了更多

更多的力量

更多的感謝

還有

更多的愛

## 完整的家族系統圖

讓我們來了解哪些人屬於我們的系統，屬於和我們有緣分的人。

**步驟一，畫出系統圖**：首先，請把已經畫好的家族系統圖拿出來，接著根據前面描述的三種來源，盡量蒐集哪些人曾與我們的家人發生過讓出位置、不當得利與生死糾葛事件的資訊，不管活著或過世，把這些人與事件標示出來，用一條鋸齒狀的線把他們與我們的家人相連結，他們就是和我們屬於同一系統的非血緣關係者。現在，在這份系統圖上，同時有著血緣關係與非血緣關係的人，這些人就是屬於我們系統的人（參考圖 4）。

**步驟二，心中給和解**：這個步驟非常重要。畫好系統圖後，請靜下心來，一次看著一位系統裡非血緣關係的人，在心中給他一個位置，超越對「加害」與「受害」的批判與認同，帶著謙卑，緩慢地向他們鞠躬。每天只看著一個人，開始在心裡與他和解——承認事實、感謝付出、回歸序位，最後，祝福所有涉入的人都能獲得平安。

**步驟三，為之做善事**：得知家族裡曾發生過不幸事件時，請爲當事人做一些善事，尤其是那些較爲沉重的事件，而且不只爲家族裡的人做，同時也爲那些非血緣關係者做些善事，這樣才是眞正的和解。另外，有可能某些事件是後來才知道的，你可以知道時再把他們補上，或者在心裡做也可以，因爲心態是最重要的關鍵，而你現在已經知道該怎麼做了。

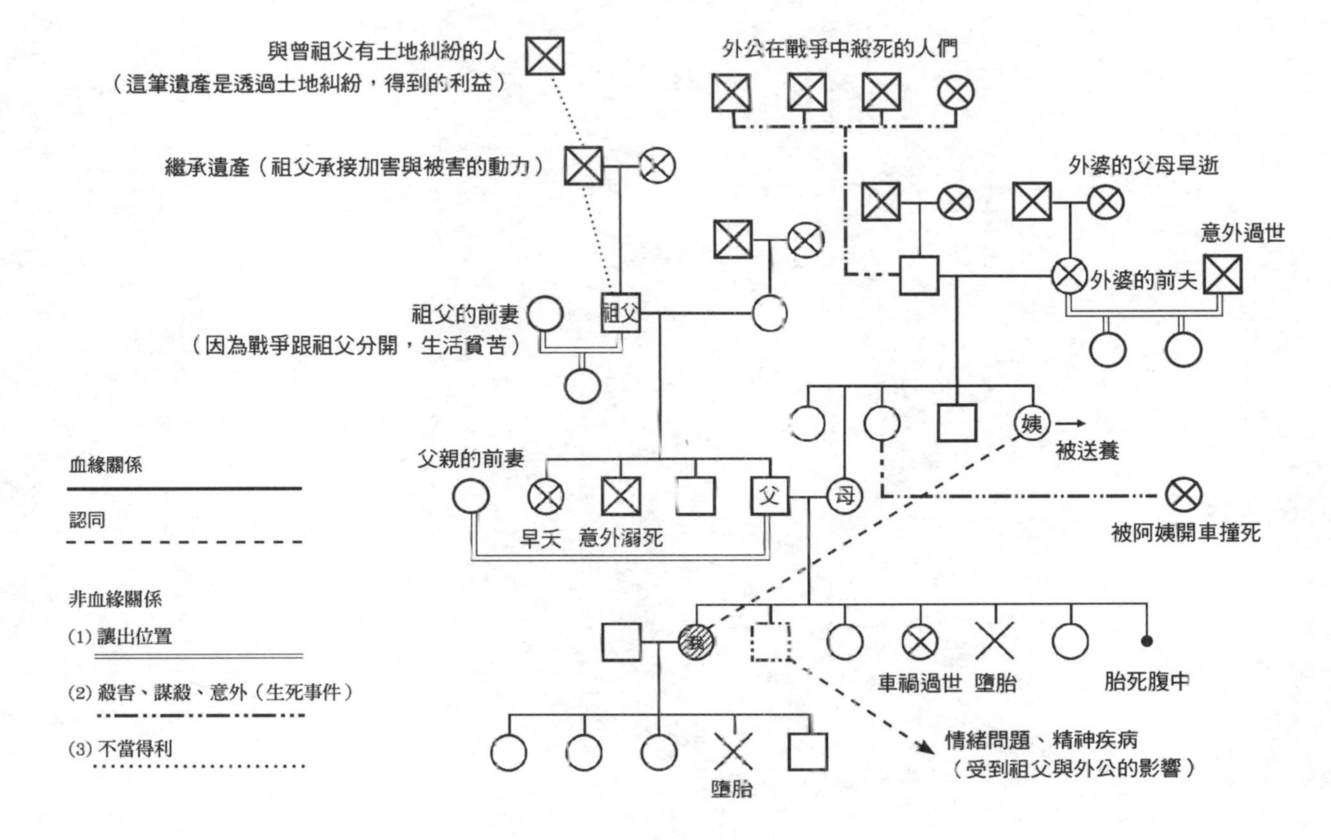
與曾祖父有土地糾紛的人
（這筆遺產是透過土地糾紛，得到的利益）
外公在戰爭中殺死的人們
繼承遺產（祖父承接加害與被害的動力）
外婆的父母早逝
意外過世
外婆的前夫
祖父的前妻
（因為戰爭跟祖父分開，生活貧苦）
祖父
姨
被送養
父親的前妻
父
母
早夭
意外溺死
被阿姨開車撞死
車禍過世
墮胎
胎死腹中
情緒問題、精神疾病
（受到祖父與外公的影響）
墮胎
血緣關係
認同
非血緣關係
（1）讓出位置
（2）殺害、謀殺、意外（生死事件）
（3）不當得利

圖 4　完整的家族系統圖

CHAPTER 6

# 身心關係

夫標本之道，要而博，小而大，可以言一而知百病之害，言標與本，易而勿損，察本與標，氣可令調，明知勝復，為萬民式，天之道畢矣。

——《黃帝內經·素問》

## 身心家庭：整體系統觀

我們和自己的身心關係好嗎？了解身體症狀在告訴我們什麼嗎？我們知道情緒的背後隱藏著什麼信息嗎？

現代醫學已確認身體與心智是一個整體，彼此緊密地相互關連，但我們往往認爲人是獨立的個體，個人的身心狀態也是獨立的，雖然就某部分而言的確如此，但是只對了一半。系統排列透過成千上萬的實例觀察發現到，每個人的身心狀態與他所處的系統有著密切關係，例如我們的基因得自家族的遺傳、情緒在胎兒時期就受到媽媽的影響、個性與價值觀從小便受家庭潛移默化，長大後仍繼續發揮影響等，這些都是所屬系統對我們的影響，更有甚者，還有難以覺察到的家族集體命運在潛意識裡牽絆著我們的命運。因此，人的身心狀態與他所屬的系統密切相關，而這種「整體系統觀」不僅出現在心理學、生物科學、環境生態學裡，傳統的中醫學裡也曾提及。

《黃帝內經》提出「形神一體」、「生氣通天」及「人與天地相參」的觀念，認爲不僅人本身是個有機整體，人與所處的系統也是一個有機整體，是以必須從人與家庭、社會關係、自然環境的連結中了解身心及病理過程；同時，根據中醫針灸「全息律」的研究也證實，整體系統裡的各部分都相互關連，因此從一個小部分就能知道整體，例如由耳朵便能診斷全身疾病，同時也能治療全身。

這種全息系統的現象不僅出現在人的身體，也出現在人所組成的系統，尤其是與我們最親近的家族系統，因爲我們都是家族系統的一份子，而身心是信息的接收器，會接收家族系統的集體潛意識信息，例如身體接受家族的遺傳疾病、心理接收家人關係的深層信息，而身心又相互影響、相互轉換，所以這些信息就會從身體症狀或心理情緒反應出來。由此可知，許多莫名的身心狀況往往不只是個人身心的問題，而是系統的問題，因此我認爲，未來的醫學勢必朝向整體觀的助人方式發展，如果能結合中西醫、心理學與系統排列方法，相信必能對我們的健康與成長帶來更大的幫助。

案例

# 愛流動，心跳動——心肌梗塞

當我們的愛可以流動，心臟的血液也會帶著這些愛，流向我們全身。

六十三歲的國安在妹妹嘉美的陪同下前來參加課程。嘉美曾參加我主講的一系列課程，對家族系統關係有深刻領悟，已能將各項法則融入生活並與家人分享。國安聽了妹妹的分享與鼓勵後，覺察到自己似乎在無意識裡承擔許多家族沉重的命運，因為不久前他突發性的心肌梗塞，幸好在醫院被緊急搶救回來。歷經大劫後的重生，國安不但失去了對生命的感激，也多了許多莫名的恐懼。

他很害怕自己是否會像父親一樣在六十九歲時心肌梗塞死亡，毫無預警地撒手人寰，還來不及交代後事，眼一閉就痛苦地走了。

「我常常心痛、胸悶，就像現在也是很悶。」國安說。

嘉美補充道：「我哥哥一直付出得太多，他是家裡的長子，不僅要承擔來自長輩的壓力，還有照顧弟妹的責任，直到現在他仍維持單身，負責照顧患有精神分裂症的弟弟，連他身邊的朋友也經常向他借錢不還，長久下來損失慘重。」

我問道：「心臟的功能是什麼？是輸送血液給身體，同時也是輸送『愛』給心靈，讓我們能接受和給予愛。一旦原本順暢輸送的愛被堵住了，心臟必然會跟著發生阻塞，解決的方法就是把愛的管線疏通，讓愛能順利流動。」

我請一個人代表國安，一個人代表他的心臟，排列過程中立即呈現出代表國安的人心神疲憊、負荷過重地倒下來；而代表心臟的人也突然倒地，充分反應出國安突發性的心臟問題。另一名代表國安父親的人，一站出來也倒了下來。

現場充滿令人不解的祕密。

「家族裡是否發生過令人突然致死的事件？」我問道。

「我們不大清楚耶。」兄妹倆看見代表們一個個倒下，兩人面面相覷，不知曾經發生什麼事。

我繼續問道：「是否曾經發生傷害或謀殺的事情？從代表的反應，還有你剛剛的描述，感覺你好像想補償些什麼。也許，這個家有一些祕密。」

兩兄妹一時也想不出來。

我說：「沒關係，現在請抱著尊重的態度，讓我們一起來探索，好嗎？」

「好！」

我加入兩位代表，一位是家族中想補償的人，一位是想被補償的人。補償者的全身發抖，擺出像是加害者般的姿勢，他一手捧著自己的心，一手伸向前方，朝向躺在地上那位想被補償的人，內心有著想代替他死去的意願。躺在地上的受害者也捧著心在地上滾動、大聲哀號著。

很顯然地，這是家族裡的祕密，而且他們也希望能得到安息。當我們帶著尊重而不去干涉他們，並在心中重新看見他們時，便為所需的和解與安息開啟了一扇窗。

過了一段時間，在沒有人打擾與介入下，加害者帶著顫抖的雙手與激動的眼淚，非常緩慢地朝向受害者前進……最後，當他們雙方手心交握，放在心臟的部位，激動的情緒才漸漸平靜下來。

我對國安說：「現在，你看到自己想為他們承擔不幸，你父親是這樣，你弟弟也是這樣，都想補償些什麼，但補償的方式卻是無意識地讓自己發生不幸，同時藉由重複這些不幸命運來表達你們對家族的忠誠。很可惜的是，這種補償的方式不僅無法讓對方得到平安，更會讓不幸延續下去，所以你得重新改變愛的方式。」

國安自己站了起來，他向躺在地上的雙方跪下磕頭，並且摸著自己的心與他們的心說：「雖然我們不知道事情的細節，但是我尊重你們所發生的事，接下來的日子，我的心會為你們而跳，我會做一些好事來紀念你們。」

我請國安用手碰觸雙方，將自己的愛與悲傷透過他的心與雙手，流向地上的雙方。愛開始流動，不再停滯了，這兩位需要被補償與提供補償的人躺在彼此身邊，合上眼睛安息，雙方和解而不再分裂。最後，我也排入患有精神分裂症的弟弟代表，讓弟弟跪在雙方前面，透過雙手碰觸雙方，再將兩方的力量於心中融合。一會兒後，弟弟的代表也平靜放鬆下來。

整個排列在寧靜中結束。

國安回到座位上表示，他覺得心臟現在比較輕鬆了。

我有感而發地對國安兄妹說：「這可能是家中親人彼此殺害的事件，也可能是意外致死，但是你們家的狀況真是個奇蹟，發生事件的雙方可以這麼快就和解，可見雙方都等待著和解發生；而你突發性心臟梗塞卻能從鬼門關前被救回，這也是個奇蹟。希望你們好好珍惜這些奇蹟，用更好的方式分享新生命的喜悅。」

國安兄妹點點頭。

不久後，我收到嘉美的來信：「自從學了系統排列，我不僅做了深度的自我整理，讓心中的沉重壓力逐漸卸下，也間接幫助到家人，我覺得很高興。這次陪哥哥去排列，原本擔心有很強的動力會讓我們難以承受，但也許真如老師說的有許多奇蹟幫助我們，我和哥哥在排列後都覺得很輕鬆，這是以前從來沒有的經驗。在家裡，我體會到彼此之間愛的流動，除此之外，我更相信朝正面的方向活出自己來榮耀無辜的亡者，是愛流動的最佳方向，我會朝著這個目標生活的，謝謝老師。」

## 流動法則：轉化補償心態

身心的症狀是一種信息，反應出我們的系統哪裡「失衡」了，以及家族裡有何「未竟之事」或「被排除的人」。生理機能會藉由生病讓我們有所覺察，因此身體出現這些徵兆和症狀時，並不一定就是壞事，例如心臟是身體輸送營養的樞紐，也是心靈上愛的流動出口，從上述實例的系統動力，我們看見國安與父親突發性的心臟疾病，除了反應家族中遺傳的心臟阻塞症狀，更在心理上反應出無法流動的愛。透過排列，揭露出這是源自於對家中突發悲劇的祕密補償，也就是加害者想補償，被害者需要被看見，即使當事人目前沒有相關的資訊可提供，但我們也在排列中找出了解決之道。

解決之道是什麼？

不是在無意識裡用金錢的損失、身體的疾病來補償，而是帶著尊重爲不幸的雙方做一些好事來紀念他們，將無意識的補償轉化爲更多成功快樂，並與他們分享，如此一來，覺知的愛便能透過心而流動，這才是對所有加害與被害者的尊嚴最大的敬意。

## 內在排列：傾聽身體的信息

身體的症狀或疾病都是信息，告訴著我們，身體有哪裡沒有照顧好？我們的思想或情緒哪裡失衡了？誰是那些我們放不下或沒有接受的人？家族裡有何未竟之事？哪些是被我們排除、遺忘或沒有被尊重的人？所以，讓我們重新傾聽這些信息，用全新的眼光與心情，看看身體想告訴我們什麼？從這裡面，我們要學習到的是什麼？

這是一個非常好的內在排列，可以自己慢慢地念出來，或是請朋友幫忙引導：

請靜下心來
用一個可以保持專注的姿勢坐著或躺著
感覺你的身體
將手放在有著疾病或症狀的部位上
想像你進入身體裡
進入那個疾病症狀裡
進入那個器官組織裡
從內在去感覺它
去看看這個症狀
把你的心敞開
等待
等待這個症狀要傳達給你的信息

當你深入去看這個症狀時
你看到了什麼人
你看到了誰

真正地把他看進眼裡

對他說

「我看到你了

我看到你了

我尊重你的命運

在我心裡我重新給你一個位置

我看到你了」

等待

敞開自己去等待

這個症狀要告訴你的信息是什麼

也許是一句很簡單的句子

也許是一、兩個字

敞開自己去等待

當它浮現時

這個信息便是一份珍貴的禮物

把這份禮物收藏在心裡

它可能是一份非常具有療效的禮物

一份充滿祝福的禮物

對於你自己

還有你們家

案例

# 我要回家——抑鬱與恐慌

當家族所有的人都能回歸序位、負起自己的責任時，家族將不再是糾葛牽絆的阻力，反而能成爲我們背後堅強的助力。

彩霞是位五十歲的國中老師，我在市立醫院精神官能症病房從事心理治療時遇到她。這之前她已在精神科看診一段時間了，但是近期情緒很不穩定，有嚴重抑鬱與恐慌情況，因此醫生安排她住院。

住院一個多月，抑鬱情況越來越嚴重，她臉色暗白、表情鬱悶，對所有病房的活動都沒有興趣、拒絕參加，更奇怪的是，有時候她會躺在病床上，感到胸悶重壓、全身僵硬、呼吸困難、發抖恐懼，甚至全身冒冷汗。由於病情沒有多大起色，醫生希望加入心理治療作為協助，便安排她與我見面。

我一週和她會談一次，在與彩霞的心理治療中，我開始試圖了解她的家庭。

「我的父母對我很好，結婚之後先生也對我很好。」彩霞回答。

「但妳為什麼會來住院呢？」我問。

「我也不知道，我之前在家裡常常很沮喪，整天一個人坐著發呆，什麼也不想做。不久前不知怎麼回事，很奇怪地我就在家裡背著包包，繞著客廳猛打轉，嘴上一直嚷嚷著說：『我要回家！我要回家！』」

「這的確很奇怪。」我說。

「對啊！我先生問我：『這是妳的家啊！妳要回去哪裡？還是妳要回娘家？』可是我也不知道，我只是一直背著包包叫著：『我要回家！我要回家！』後來發作得越來越嚴重，我先生只好把我送來住院。」

「這的確很奇怪，我們來探索一下。」

我利用系統排列探索這個莫名的情緒，排列中，只見彩霞縮在角落，全身發抖。我問彩霞，家裡是否曾有被殺害或謀殺事件發生，這時候她突然想起了她姑姑。

「我姑姑是自殺死的。」

「喔？姑姑為什麼自殺呢？」

「我姑姑小時候被送養，那個收養家庭對她很嚴厲，常常打她。有一次因為天氣很冷，她沒有被子蓋，便拿了家裡一條新被子去蓋，隔天起來被養父發現，說這是新被子怎麼可以拿去蓋！然後養父就把她痛打一頓，結果隔天姑姑就上吊自殺了。」

此時我心裡突然有個聯想：當時彩霞的姑姑心裡可能只有一句話，那就是——「我要回家」！

彩霞接著又說：「很奇怪，我們家很少提到這件事，好像大家統統忘記這個姑姑，可是有一次我在學校教課時，竟然不知不覺地跟班上的小朋友講起這件事，因為一條被子而自殺的故事……」

「好，我們把姑姑排出來。」

當姑姑排出來之後，代表彩霞的人竟然主動地靠近姑姑，最後全身發抖地蹲在她身邊。這畫面明顯呈現出彩霞與姑姑如此親近，她對姑姑有一種莫名的認同，也因而承接了姑姑的情緒，彩霞縮在角落、全身發抖的反應想必也和當時姑姑被打的反應一模一樣……

真相揭曉了，接下來要尋找解決之道。此時我請彩霞本人親自悼念她的姑姑。

彩霞跪在姑姑代表的身邊，抱著她悲痛萬分、淚珠直流地說：「親愛的姑姑，妳發生了一件很不幸的事，當時候妳一定很難過、妳一定很想回家，但是大家都把妳忘了，對不起……」

我引導彩霞繼續說：「姑姑，妳一定很孤單、很想回家。我可以了解妳的感受，現在我重新看到妳了，我會讓家人記得妳，我們會把妳放在心裡，帶妳回家。」

彩霞靜靜地抱著姑姑。

過了數分鐘，我在一旁也感受到原本充滿恐懼與悲傷的氛圍，現在圍繞著深深的寧靜與祥和。

姑姑的代表感動地閉上眼睛，彩霞也將眼淚擦乾，向姑姑鞠躬。

「親愛的姑姑，我們會為妳做一些好事來紀念妳，請妳安息吧！」

彩霞又深深地向姑姑鞠了一個躬。

結束後，我問彩霞：「現在妳有什麼感覺？」

彩霞很平靜地回答：「我整個人變得好輕鬆、好輕鬆。」

從那之後，彩霞有了明顯的轉變，護士們注意到她的笑容增加了，臉色也變得紅潤，對病房的活動也開始積極參與。我從每週一次的會談中也看到她的進步，她說她的恐慌情況改善很多，胸口也不再悶痛，人也比較有活力。

住院三個月後，醫生評估她可以出院了，而我的心理治療在她出院後改成兩週一次，追蹤三個月。彩霞自己相當努力，她開始做運動並參加一些聚會活動，最後她先生陪她來的時候也說她進步許多，不但奇怪的症狀沒有了，前幾天他們還一起帶著孩子們出遊呢！

## 整體法則：重新看到「被排除的人」

「整體法則」是：只要是這個家族系統的一份子，都有屬於這個系統的權利，在這個系統永遠都有一個位置，不管他的行爲是什麼或發生什麼事。但是，當某個人原本屬於我們的系統，卻因爲某種原因而「被排除」了，如此一來會造成系統的空缺，進而產生牽連糾葛的情況。

通常「被排除」的原因有以下幾種：

第一，某位家族成員因爲發生了令人難過的事，例如意外、自殺、重病等，我們無法接受他的不幸，所以在心裡有意無意地把他遺忘。

第二，某位家族成員做了某些事，例如侵占錢財、亂倫暴力、誣告犯罪等，我們無法接受他的行爲，所以在心裡把他排除；他在家中毫無地位，大家不認爲他是家裡的一份子。

第三，某些家族成員很小就夭折或被送走，他們也有權利歸屬於這個家，但我們卻忽略或遺忘他們，這也是一種排除。

在這則案例中，彩霞的姑姑被送養且自殺，無論家裡的人是有意或無心，她都是被排除、被遺忘的人。當系統裡有人被排除了，後面的世代就會去填補這個空缺，如同彩霞一樣；當她填補姑姑的位置時，在潛意識裡承接姑姑的情緒，因而產生抑鬱、焦慮與恐慌等莫名情緒。然而，一旦姑姑的位置重新被接受、被看到，重新被家人放回心裡，彩霞就可以不用再填補姑姑的位置，而是把姑姑的位置還給她，回到自己的位置上。當我們把位置還給被排除的人時，「填補」 與「認同」就被切斷了，我們跟那個人分開，因而這些承接來的莫名情緒也就跟著消失了。

那麼，到底什麼是「承接的情緒」？它和其他情緒有何不同？

## 承接的情緒

「承接的情緒」不僅是系統排列的重要發現，對現代心理學而言也是重大的貢獻。以海寧格先生的區分爲基礎，加上我在心理工作上的驗證與補充，情緒大致能分爲以下四種：

1. **原始情緒**：這是人的本能情緒反應，遇到生氣的事會憤怒，遇到難過的事會悲傷，事情過後情緒便消失。
2. **替代情緒**：或稱爲派生情緒，也就是遇到一件事情時，我們的原始情緒反應可能是憤怒，但呈現出來的卻是無奈，這種無奈的情緒就是替代情緒，替代了原本所要反應的情緒；又例如家人過世時，我們雖然很悲傷，卻以憤怒、控訴或疏離替代原本的悲傷，這些就是替代情緒。這也是佛洛伊德精神分析提到的一些心理機轉。
3. **承接的情緒**：這是比較難以自我覺察到的情緒，當它發生時，往往連當事人或身邊的人都覺得很莫名，但我們從系統排列觀察到，人眞的會去承接別人的情緒。
4. **超越的情緒**：它是一種超然、超越的情緒，是沒有情緒的情緒。當我們回到當下、回到系統裡自己的位置，專注且定靜下來時，就會身處於深層、沉靜且覺醒的超越的情緒中。它不是抽離，我們仍會感受到原始情緒的本能，但內在是清楚、寧靜的，觀照著所有事情的發生，而且可以採取行動，可以愛人、幫助人。這樣的愛不是情緒上的愛，而是超越的愛，從這樣的愛所生出的行動是更強而有力的。對助人工作有興趣的人，必須學習靜心，讓自己隨時能專注下來，進入這種超越的情緒來工作。

此外，「承接的情緒」有以下三種最常見的類型：

**第一，孩子會承接爸爸媽媽的情緒**。比如說爸爸對媽媽很生氣，孩子就會承接爸爸的憤怒；或者媽媽想要離開家，孩子在心裡也會產生想離開的感覺，其中一種情況就是「媽媽，我會跟著妳一起離開。」如果媽媽是以死亡的方式離開，這時候孩子所承接的情緒就會是「媽媽，我會跟著妳一起死去。」更甚者，會變成「媽媽，我會代替妳去死。」我在許多不幸的個案中看過這種動力，這種潛意識的情緒很難覺察到，但是透過系統排列能幫助我們清楚地看見它。

**第二，承接某些我們未曾謀面的親人的情緒**。這種承接的情緒更為深層，例如承接爺爺、奶奶或曾祖輩的情緒感受，即便我們沒有跟他們一起生活過，甚至是素未謀面。例如爺爺離開了家鄉，心中充滿著對家鄉的思念，因而缺乏歸屬感，此時後代子孫會對歸屬感產生莫名的強烈渴望。

**第三，承接家族系統裡未竟的情緒感受**。尤其是這個家族的人共同經歷了一些巨大的事件，例如家中發生謀殺或被殺害的事情，這種巨大衝突與不安的情緒會瀰漫在整個家族系統裡，如果發生事件的那一代沒有和解，這些分裂的情緒往往會在下一代身上爆發，甚至產生精神分裂症、精神疾病隔代遺傳的情況。這是因為在這個家族裡存在著「加害」與「被害」兩股分裂的情緒，因此家族裡的人承擔了這種分裂不安，只是因承接程度的不同而表現出不同的狀況。相信許多人都曾觀察到類似的案例，也就是整個家族的人都擁有類似的奇怪情緒。

這種承接的情緒是心理學上極重要的發現，尤其是在助人工作與心理治療上，它幫助我們以不同的角度重新看待一個人，特別是以一個更大的系統觀來看，看到系統如何影響個案的情緒與行為？我們要如何面對家族系統裡所發生的事？同時，我認為這對於後現代心理治療的發展影響重大，後現代心理治療已將一個人放進他的生命脈絡裡來理解，再加上系統排列的經驗，我們便能把這個脈絡擴大到整個家族、甚至有時擴大到國家文化的系統脈絡裡，看到系統裡被排除的人對個案帶來的影響是什麼？看到一個人如何承接家族、甚至國家歷史事件所造成的情緒？是以具備整體系統觀的心理諮詢是未來的發展趨勢，也是諮詢師必備的能力之一，這將能幫助我們更了解個案，並為個案及其家庭提供更大的福祉。

案例

# 一個悲劇就夠了——自殺與重生

難過並不代表我們垮了，有的人哭聲雖然悲傷，但心中卻依舊堅強。

婕麗正經歷喪夫之慟。她的丈夫選在妻女前去大陸接他回台灣時，上吊自殺。

強忍悲痛的婕麗，一心掛念的是這件事對孩子的影響，但她忘了好好照顧自己，反而非常壓抑自己的情緒，心裡時時出現想自殺的念頭。

「如果不是為了孩子，我早就跟他一起走了！」婕麗咬著牙說。

「要是妳這樣做，妳先生會怎麼想？妳的孩子會變成怎麼樣？」

婕麗低頭不語。

我請助理們代表婕麗的先生、十二歲女兒和八歲的兒子，並把他們排列出來，排列立刻明顯呈現出先生過世對他們的深層心理影響：婕麗強忍悲傷；她的兒子不斷後退，遠離他們家、遠離其他人，即使一度回頭看著母親，但旋即又轉身背對他們；女兒則陪在婕麗身邊。

失去親人的痛瀰漫著這個家庭，先生也強忍著情緒，心中充滿著諸多不捨，他倔強地站立著，不願躺下。這時妻子的哭泣聲漸漸出現，但聲音很悶很悶，顯然是強忍壓抑著。

我鼓勵婕麗：「試著看著妳先生，妳可以發出聲音沒關係。」

婕麗嘴唇顫抖著，話已到嘴邊卻說不出來。

我大聲引導她表達出內心的情緒：「你為什麼這樣做！」

「你為什麼這樣做！」婕麗說完，大哭出聲。

「你為什麼這樣做！大聲一點！」我再次引導。

只見婕麗嘶聲大吼：「你為什麼這樣做！」

語畢，她倒在地上痛哭。

另一方面，離家人遠遠的兒子在聽見母親大聲哭泣後，也開始啜泣了起來。

婕麗閉著雙眼趴在地上痛哭，哭了幾分鐘後，整個人癱軟在地。

我仔細聽著她的哭聲，了解這種哭泣是她壓抑的情緒爆發出來的，是一種失望的悲憤，還不是對丈夫真正的哀悼。

我對她說：「妳要真正看著妳的先生，不是閉眼痛哭。如果妳愛他，妳會看著他而流下哀悼的眼淚。」

婕麗仍癱在地上，但是可以睜開眼睛看著先生了。我鼓勵她：「難過並不代表我們垮了，有的人哭聲雖然悲傷，但是心中卻可以很堅強。」

的確，難過並不代表垮了，哭過之後，我們才有機會學會怎麼把眼淚擦乾，繼續前進。

另一方面，先生的代表一直硬撐著站著，彷彿死不瞑目的樣子，似乎在等待著什麼。我告訴婕麗：「這的確是很令人難過的事，但即使難過，妳也要堅強站著，真正面對先生。現在，慢慢地試著靠近他，接受他的過世，幫助他倒下來，這是妳最後可以幫他做的事，讓他平安地走。」

面對親人死亡的事實，對生者來說十分不容易，即使婕麗聽見我的鼓勵，願意開始移動，但那移動卻是萬分辛苦。

「慢慢地、慢慢地……」我繼續鼓勵她。

她坐在地上，以雙手輔助身體爬向先生。她很努力地爬，眼淚更是不停地掉落，只見她為了給自己更多一點力量，試著要站起來，但依然艱難，最後只得以跪姿前進到先生的身邊。

就在她觸碰到站著的先生的身體時，兒子忽然也移動了，他開始願意正視父母了。父親過世時，只有當第一線的母親願意表達出悲傷，孩子們才被允許表達他們的難過。

婕麗靠著先生的扶持，慢慢地站了起來。

我對婕麗說：「抱住妳先生，抱住他，帶著妳的力量抱住他。」

婕麗緊抱著先生，大哭了起來。

「我帶你回家，我帶你回家……嗚嗚嗚……」婕麗說完，試著扶持丈夫躺下。

但先生還不想躺下，他想靠近孩子，他那八歲與十二歲的孩子。

亡者之愛，不捨的愛。同樣的，生者又何嘗捨得？

在婕麗允諾會好好活下去，好好照顧孩子後，一直強忍情緒的先生才開始啜泣起來，這個家的情緒終於開始流動了——愛也開始流動了。

是的，悲劇發生一次就夠了。

一如八歲兒子的代表如此分享：「我不喜歡爸爸發生那件事，但是媽媽的感覺很重要，當媽媽站起來的時候，我才感覺比較有力量。」

最後，婕麗對孩子們說：「他永遠是你們的爸爸，雖然他的身體走了，但他會活在我們心裡。」

接著她抱住女兒，一直安靜望著父親的女兒也哭了，所有人的情緒都表達出來，彼此擁抱在一起。

是的，真正的哀悼是深層卻有力量的。

過一段時間後，哭泣聲漸漸地安靜、平靜下來。

一家四口只是靜靜擁抱在一起。

直到這時，先生終於可以躺下安息了。

排列結束後，我告訴婕麗：「回去之後要多抱抱妳的孩子，當孩子們面對這種突發事件時，情緒會累積在身體裡，擁抱對他們有很大的幫助。即使他們沒有哭出來，但透過擁抱，便能讓生命力再度流動。」

我補充道：「記得在抱他們時，告訴妳的孩子：『媽媽會好好活下來！』」

婕麗微笑地答應。

我問她：「妳先生最喜歡什麼花？」

「他最喜歡百合花。」

「今年清明節，帶著孩子們到他們爸爸的墓，在旁邊種滿他最喜歡的百合花，化悲傷為愛。妳覺得先生會有什麼感覺呢？」

「嗯，他一定會很高興，我一定會去做！」婕麗微笑點頭，笑容裡透露出希望。

一年後，我收到一封信：「親愛的周老師，我是婕麗，不知道你是否記得我？我是那位丈夫上吊自殺的太太。今天我帶著孩子們去他們爸爸的墓，我們在旁邊種滿了他最喜歡的百合花，明年來時，百合花就會綻放成為一片花海。我們已漸漸走出陰影，過得越來越好了。謝謝你的幫忙！」

當我收到這封信時，腦海裡不禁浮現出一個畫面：百合花綻放成一片花海，隨風搖曳，婕麗的先生開心微笑著……

## 流動法則：好好活下去

當我們對親人的過世敞開心胸時，才能真正接受他們過世的事實，並感知到這悲劇背後隱藏的愛——那是來自死者的愛，要生者好好活下去的力量，同時這也是生者對死者最大的愛與敬重。這正是生命的流動法則，一代代傳承下去，生生不息地流動著，未來，當我們的時候到了，我們何嘗不希望下一代能好好活下去呢？

所以，一個悲劇就已夠了！

悲劇的發生不是告訴我們傷害有多麼地深，而是提醒我們別再讓它無意識地發生；讓人掉淚的生命故事不是要我們感受當中有多麼悲慟，多麼教人憤恨辛酸，而是要喚醒我們愛的智慧，從中學習生命給我們的功課，不再無意識地受傷悲痛。

將不幸轉為力量，將憤怒轉化成愛，將毀滅轉成創造——這就是愛的智慧。

親愛的，成長與療癒之路不易，但想感受到這條路上的支持力量卻一點都不難，一如這些實例故事，讓我們看見並懂得這是每個人對身邊的人、對上一代與對下一代的愛。生命透過它的悲劇教導我們要學會更成熟的愛，生命透過它的喜劇激發我們要學會感恩與創造，如此，家族的故事將不再是悲傷故事，也不再是糾葛牽絆，它將會是代代相傳的愛的故事。

## 個別排列：尊重家族過去，迎向光明未來

我們能夠成為現在的我們，全都是因為我們有這些過去，有著我們背後的家族，所以我們要清楚地了解到，我們不是在過去的家族裡找尋造成現在困擾的原因，而是帶著尊重去學習生命帶給我們及家族的課題。如果有人抱著想與家族的過去切斷的想法來生活，無疑是切斷了自己的

根，更把過去的經驗、智慧及付出的代價白白浪費了。事實上，越是經歷過巨大命運的家族，其後代子孫擁有更堅強的力量，因此謙卑地尊重與感恩家族的過去，繼續承先啓後，才能將這股力量化爲更大的開創力，爲自己和下一代創造更光明的未來。

下面是一個很棒的個別排列練習，需要找兩位同伴一起做。請一位同伴代表你的家族，把他排在你的前方兩公尺處；請另一位代表你的未來，把他排在你的後方兩公尺處。然後，帶著尊重面對這兩位家族代表，並跟著下面的引導進行。

帶著謙卑
看著你的家族
他們是過去成千上萬的先人們
現在就像一個巨人一樣站在你面前
他們曾經經歷無數的艱辛挑戰　生死流離
但是仍堅強地把生命傳承下來
傳給了你的父母
傳給了你
你的身上流著他們的血
沒有他們　就沒有現在的你

如同感激賜予你生命的恩人
帶著萬分的恭敬與感謝
向你家族的命運深深地一鞠躬
越深越好
越深越好
就像生命之河會流向最低的山谷
你的謙卑將迎接家族無限的祝福
因為
在你家族的背後
正是那無限的生命
無限生命的源頭

如果你要跪下也是被允許的
以你的方式表示尊重與感謝
敞開自己
越謙卑越好
越深越好
帶著這個深深的謙卑對你的家族說：

「謝謝你把生命傳給了我

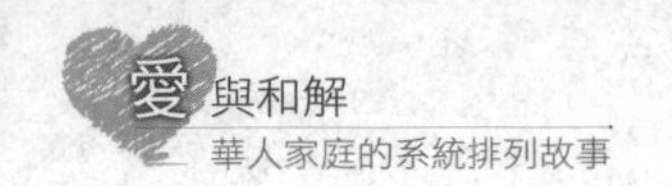


我是你的後代

我看到你經歷過無數的痛苦艱難

也看到你曾經遭受失敗挫折

曾經孤獨哭泣

但是　感謝你堅強的韌性

為了生命存活而奮戰

付出了無比的代價

謝謝你

我們活下來了

我們活下來了

我的身上流著你的血

你的歡笑　你的悲傷

你的尊嚴和你的榮耀

都是我的一部分

我會帶著這無比的智慧與力量

開創更美好的未來

造福更多的人群

來榮耀你

請你祝福我

我會將你的祝福

傳給我們的下一代

謝謝你」

（代表家族的人此時可以將他扶起來）

然後站直起來
轉過身
讓背後的家族用手支持著你的背
就像背後一座大山
屹立不搖地支持著你
感受這股力量
永遠記得這股力量
永遠記得

然後帶著這股力量
面對你的未來
看著你的未來
走向你的未來

開心地擁抱它！

CHAPTER 7

# 活用關係法則

人生成功與偉業的建立，不在能知，乃在能行。

——英國生物學家 赫胥黎（Thomas Henry Huxley）

## 關係的深層奧祕：圓緣大愛

佛家有云：「諸法因緣生。」

經過這二十年的助人工作，我深深領悟到一個道理：生命不是在解決問題，而是在圓滿每個緣分。

當生命遇到問題時，若我們抱著解決問題的態度，那種感覺像是我們發生了不好的事情，所以要把它「解決掉」；但看了前面許多解說與故事實例，你是否能以不同的角度來看待生命？是否對關係的深層意涵有了更深刻的領悟呢？

我以上萬個助人工作的經驗融合中國傳統智慧哲理，領悟到關係最深層的奧祕——「圓緣大愛」，也就是，關係是來圓滿生命的緣分，是讓我們更加成熟、有智慧的大愛。

「圓滿」不等於「完美」，並不是要把每件事做得完美無暇，並不是在討好每個人，也不是逃避衝突、粉飾太平，而是我們能從彼此身上學到一些東西，我們透過這些關係能有所成長，我們的愛如何從盲目衝動的小愛，轉化爲成熟智慧的大愛。

孩子跟我們有緣，所以出生在我們家，當孩子出現問題時，他是個要被解決的問題嗎？父母與我們有緣，所以我們來當他們的孩子，當彼此出現狀況時，我們要如何圓滿這個關係？我們的另一半和我們有緣，一如俗語「有緣千里來相會，無緣見面不相識」，茫茫人海中兩人千里相遇，雖然相處過程中可能有許多痛苦折磨，但是我們爲什麼會相遇？

這些沒有圓滿的情緣，就像沒有畫完的圓、有個未解決的事情擱在心裡，漸漸地，這些未竟之事形成了生命的缺口，在潛意識裡牽絆著我們的生命力。然而，這些缺口的圓有一個深深的驅力，它們渴望被圓滿，如果我們未去圓滿它們，出於愛，也許是我們的孩子，也可能是孫子或其他的家人就會來幫我們補滿這塊缺口，而這便成爲世代傳遞的牽連糾葛；或者就像我們熟悉的觀念：如果有下輩子，爲了填滿未圓滿的圓，我們還會跟這個人再結夫妻或結爲仇人，再次圓滿這個尚未被圓滿的緣分。

因此，如何圓滿這些緣分？有緣在一起時，我們要學到尊重、學到平衡、學會序位、學會珍惜；當緣分盡時，我們要學會離別、學會感恩、學會放下、學會祝福。學會活用關係法則，這將在我們的生命裡滋長出愛的智慧，而透過愛的智慧來行動，便是一種圓滿。

圓緣大愛——用大愛圓滿生命的緣分，這是愛的智慧，也是系統排列的核心精髓。

## 開始活用關係法則

透過前面深刻的領悟，你是否也開始想學習系統排列？活用關係法則？

系統排列的操作是一門高度專業的工作，並不建議輕率地依樣畫葫蘆，最理想的是參加訓練課程並接受專業督導。目前有數個機構與系統排列導師在世界各地提供訓練課程，相關訊息可上道石國際系統排列學院網站（www.taos.com.tw）查詢；倘若你有問題或困擾必須協助，請尋找合格認證的系統排列師一起工作。

然而對一般人的學習而言，我們不用學習當醫生，但要能學會如何自我照顧；不用學習做律師，但要能懂得社會互動的基本規範。本書描述的關係法則是人與人相處的基本法則，是愛的法則，也是系統排列的核心觀念，各章節提供的練習既簡單、實際、有效，還能隨時活用。或許你在閱讀本書時，已經留意到家庭裡有哪些失序或失衡的地方；或許你受到某種感動與啓發，想重新調整與家人互動的方式；更甚者你已有所領悟，開始嘗試尋找自己問題的改變之道，那麼親身參與系統排列將能支持你更深刻體會關係法則，找到改變的可能。

爲此，本書最後整理出一份「家庭關係檢視表」，能幫助檢視我們的愛與關係，請好好善用它並做爲覺察與行動的依據。

## 覺察你的愛，化成行動

下列清單能協助我們重新檢視家族系統中的愛，幫助我們在生活中活用關係法則，爲圓滿生命的緣分跨出重要的一步。請眞誠地回答以下的問題，如果回答的「否」越多，表示家庭裡隱藏的糾結越多，家人的愛在無意識裡讓自己與彼此都受苦。倘若你想改善家庭關係，想讓你的愛更加流動，想要釐清糾結並找回自己的序位與力量，系統排列極有可能支持你實現這些理想！

## 家庭關係檢視表

### 一、整體歸屬感

· 大家都知道祖父、祖母和外公、外婆的名字嗎？

· 了解祖父、祖母和外公、外婆的歷史與爲人，並承認及尊重他們嗎？

· 在家裡談到所有其他家人時，態度是尊重的嗎？

· 你是否了解你的家族系統有哪些成員呢？

· 是否所有家人都有同等的歸屬權利，沒有人被排除？

· 是否所有家人都感到歸屬於這個家？孩子們感覺自己屬

於這個家嗎？

· 有否讓早逝或早夭的家人，在心理上仍然屬於這個家？
· 對於曾犯錯、犯罪或施行暴力的人，大家是否仍接受他是家庭的一員？
· 夫妻是否有在心中給被墮胎的孩子一個位置，並一起面對？
· 遇到危機時，家人是否能團結共度呢？

**二、回歸序位，負起自己的責任**

· 超過兩代以上的家族裡，是否有某些傳統出現？大家尊重這些傳統嗎？
· 長年對這個家付出的人是否受到尊重？是否被公開地感謝？
· 家長是否清楚身爲一家之主的責任？
· 家長是否認爲自己是爲這個家和家人們服務？
· 大家都爲這個家共同的幸福和諧努力嗎？
· 家人的身分位置與責任義務有明確的界定嗎？
· 長輩對晚輩是否帶著關愛、照顧的態度？
· 在晚輩需要時，長輩是否能嚴格管教？
· 晚輩是否尊重長輩？提到長輩時，態度是正面的嗎？
· 晚輩能否以尊重的方式表達不同的意見？
· 夫妻提到對方時，態度是正面的嗎？是否尊重彼此的父母與家族？

· 父母是否由自己面對彼此的衝突，不讓孩子捲入？

## 三、施與受的平衡

· 大家認爲這個家的愛與被愛有平衡嗎？

· 每個人是否都珍惜家人對他的付出？

· 是否對這個家的付出與回報感到平衡？

· 家庭工作是否平衡地被分配？每個人是否樂於接受自己範圍內的責任？

· 家長在乎家中每個人的需求嗎？

· 若發生危機，長輩們願意承擔責任與風險嗎？

· 夫妻能否向對方表示感謝，並想回報對方的付出？

· 夫妻間是否感到平衡？溝通是否順利？

· 夫妻對兩人間的性生活是否感到平衡滿意？

· 夫妻對於負面的傷害是否能表達出來？平衡處理？

· 家中金錢的互動與處理方式是否合理？遺產處理是否順利？

· 家人與外人間的金錢往來是否順利？有無不當得利？

· 家中是否有共同基金，作爲這個家的休閒、學習與發展之用？

## 四、尊重與承認事實的原貌

· 家中每個人的身分都被承認嗎？

· 大家會公開談論家庭危機嗎？
· 大家會承認錯誤嗎？
· 會稱讚表現、承認成功嗎？
· 對於家中的不幸死亡，大家是否能表達哀悼，承認事實？
· 若家人曾傷害、殺害他人或被別人傷害與殺害，雙方心中是否有達到和解？
· 是否能尊重家族的祕密，並準備好以尊重的態度來面對？
· 對自殺、發瘋、重病或成癮的家人，大家提及時是否使用善意的話語？
· 提到自己或父母的前任伴侶與婚姻時，態度是否友善呢？
· 大家是否了解家裡的財務狀況？

**五、活在當下，生命力往前流動**

· 提到過去時是否用感謝的言語，而非否定或抱怨？
· 家人是否不會一再重蹈覆轍，能從過去的經驗學到教訓？
· 家人是否不會一直懷念過去，能繼續往前走？
· 你是否認爲父母希望你過得幸福快樂？
· 當你過得幸福快樂時，是否不會對原生家庭感到愧疚？

· 當原生家庭與你成立的家庭同時需要你時，是否會以你成立的家庭優先？
· 家裡每位成年人的婚姻是否皆能順利？
· 你的父母是否與你的另一半相處融洽？
· 你是否能感受到父母親已經給了你最珍貴的？
· 你是否將父母親給你的愛傳給了孩子？
· 你是否實現你的天命，朝向你的理想邁進？

## 化為具體行動

如果你從上述的檢視表裡清楚看到你的關係、你的家族系統或你愛的方式有哪些失序之處，你可以採取行動從自己做起，開始修正小的偏差，不需外人的協助。例如父母吵架時，你可以提醒自己不要違背「序位法則」，不要介入他們並尊重他們處理關係的方式；當你感受到另一半對你的好，提醒自己要真正看到他／她並平衡回去，讓「平衡法則」好好運作；當家人以遮掩或逃避的方式談論某位早逝、重病或有精神病症的親人時，你會知道家裡的「整體法則」被破壞了，這時可以私底下向家人解釋這個法則，請大家在心中給這個家人一個位置。

此外，還有一些積極具體的行動，例如過年時開始向你的父母磕頭拜年，如果你已結婚，更要向另一半的父母磕頭拜年，並帶著你的孩子一起這麼做，讓孩子也學會尊重父母、孝順父母；清明節時帶著謙卑恭敬的心去祭祖，了解你的祖父母與他們的爲人，感謝他們把生命傳下來，並承諾會好好善用這個生命，過得更幸福成功、造福人群，讓他們能夠以你爲榮；開始製作你的家族系統圖，向長輩詢問你的家族成員與歷史，並在家庭聚會時把圖拿出來，眞誠地向家人請教與討論，特別是談談那些最容易被遺忘或忽略的家人，這時被忽略、排除的家人會自然地在每個人心中回歸他的序位——光是這麼做，就足以開始影響與調整你的家族系統！

如果你的家族所發生的命運較爲重大；牽連糾葛的情況較爲嚴重；或出現一些莫名的情緒與重複的模式；或是沒有任何家族的信息與連結；你對於所遇到的困擾已做了很多努力卻不見改善，遇到上述情況時，你可以決定是否要針對這個困擾進行系統排列。如果其中牽涉到其他家人，你們也可以討論、決定是否要針對這個情況進行排列，假使答案是肯定的，請一定要向有專業認證的系統排列師尋求協助。

尾聲

# 喚醒內在的力量

愛要如何成功？緣分要如何圓滿？

唯有遵循關係法則，因為關係法則就是愛的智慧。

本書提到的關係法則有哪些呢？

1. **整體法則**：尊重系統裡每個人的位置，重新看到家族裡被排除的人，不因其行爲否定其歸屬，也不因其命運將之忽略。就算夫妻分開，也不排除對方的父母身分。學習超越對加害與被害的認同，超越人爲的分別，感知我們是一個整體，一起在爲生命服務。
2. **序位法則**：了解我們所屬的系統，尊重長幼順序，回歸自己的序位來愛，優先照顧我們現在的家庭，負起自己的責任。尊重父母的命運，不介入父母的關係衝突，用幸福快樂來報答我們的父母與家人。
3. **平衡法則**：兩性間的平衡要流動，正向回報多一點，負向回報減一點。與父母的平衡就是將生命與愛傳給下一代。記得不當得利將帶來更大的損失，因爲除了有形財富，還有無形財富，因此除了雙贏外，還要再多給一點，這將爲你與他人創造出更多的財富與和諧。

4. **事實法則**：尊重與承認事實的原貌，這是所有行動的基礎；承認與面對家中未竟之事，接受家中所發生的不幸事實；尊重系統裡每個人的身分事實，不否認孩子的父母身分；活在當下，尊重如是一切，我們的愛才能成長。
5. **流動法則**：好好活下去。生命不斷地向前流動，死抱著過去只會讓生命停滯，不接受過去更會讓生命糾結。如何讓過去眞正過去呢？只有透過承認與感謝，並讓過去的經驗化爲內在的力量，這些代價不應白費，我們要學到、要從中有所收穫。連結生命的源頭，將生命力量一代代傳下去，實現我們的天命，未來有無限的可能正等著我們！

試著深刻了解並體會這些法則，它是許多系統排列導師們協助無數個家庭工作的共同經驗，這些法則已幫助許多人與家庭的愛朝向幸福及成功，你不需要相信，但需要自己去驗證。

同時，請確實記得：關係法則不是他人強加上去的東西，它是我們內在的本性，因此必須從內在去覺察它、從生活去領悟它並實踐它，它才會成爲我們眞正的力量，才會成爲我們的智慧。

愛的智慧在哪裡？關係法則在哪裡？它就在我們的內在，它就是我們內在的法則。如果沒有人爲的阻礙，我們的內在自然會遵循這個生命的法則，遵循這個更大生命的力量，因爲我們早已在這個更大的力量裡，只是我們要有覺知。那是一種什麼感覺呢？分享一個小小的訣竅，我想你一定曾經經驗過，當你做某些事情時，你感覺自己自然地全然專注於當下，內在有種完整統合的感覺，你的身體、心智、靈性協調一致，忘記了自己的存在，好像被一個更大的力量涵容並引導——這正是遵循更大生命力量的感覺，同時也是你內在本性的移動。

這代表著什麼意義呢？代表我們的本性事實上與更大的生命力量相互連結，我們的內在與大自然是一起移動的。我們都是這個大生命的一部分，任何違背大自然法則的，最後終將失敗。因此，如果我們能夠成爲自然，融入當下這個更大的生命力量，將覺知帶入愛裡，這些關係法則自然會在我們的生活裡實踐，此時我們就是愛，愛就是我們——這便是「與道同行」。

最後，與大家分享一首詩：

圓緣大愛法自然

序位平衡整體觀

喚醒覺知融入愛

當下即是本一家

喚醒你內在的光

將覺知帶入愛裡

融入宇宙之大愛

共創美麗新生命

——你　就是

## 練習：四十八小時內行動

好，現在，屬於你故事的新章節才正要開始……

請你將從書中領悟到的愛的智慧化爲行動，做一件你能在四十八小時內做到的，對你的家人或對你自己有愛的事。請專注地，將心中想到的這件事寫下來，然後在四十八小時內確實行動；一旦我們遵循著關係法則開始實踐、生活，我們將啓動幸福的力量，進而影響我們的家庭、生命與世界，創造出更多的幸福和諧，創造更多的財富與愛。

附錄1

# 參加系統排列前的事先準備

請參加者事先準備、蒐集下列資訊，請了解自己與父母的：

1. 家中是否有人早逝、早夭？
2. 年幼時，雙親是否有人過世？
3. 是否有家人被送走，或有領養、私生子？
4. 父母是否爲彼此的第一任關係（是否之前有結婚、訂婚、關係密切的情人）？
5. 是否有過流產、墮胎？
6. 是否有家庭祕密（例如成員被排除在外、遺產分配不均、不當得利等）？
7. 是否有犯罪事件（如謀殺、被殺、傷害行爲等）？
8. 家族中是否有重大疾病、行動障礙或成癮習慣（如毒癮、酗酒、賭博等）？
9. 是否曾有家人發瘋、自殺、暴力事件？
10. 是否曾有移民？

# 附錄2 道石教育集團簡介（TAOS）

我們堅信每個人都能成長，

我們堅信每個人都是為了實現人生而來，

我們堅信人生的目的就是要活出內在獨特的自己，

我們堅信生命的意義就是要開花結果、生生不息！

道石教育是結合現代心理學、系統排列與中國傳統文化精華的應用心理學教育培訓機構。由國際著名系統排列導師周鼎文、游玉鳳、易蘭珍等多位導師聯合創辦，在臺灣、北京、香港等地都有校區。秉持著「爲生命服務」的宗旨，提供最具專業性的家庭教育、生命教育、企業家課程、社會精英教育、心理健康諮詢與系統排列等成長課程服務。

道石教育致力於推廣具有中國文化特色的心理應用理論與專業水準認證，持續培養正知正念的專業導師人才。至今，已在亞太地區培養了數百名導師，其中很多已經是國內外各大機構的優質導師。他們曾在台大醫院、台灣各地地方法院、學校，及中國人社部國家培訓網高峰論壇、中國科學院心理研究所、北京大學 EMBA 總裁班、首都經濟貿易大學等單位演講授課，受到與會來賓的廣泛讚譽與好評。

為支持更多生命朝向幸福成功，創辦人周鼎文老師發起了「牽手大愛 千場公益」活動，由道石教育導師團在各地積極開展心理健康、系統排列教育公益慈善活動，已在台灣、香港、北京、上海、廣州、深圳、青島、內蒙、新疆等地，以及日本、新馬等國家 30 多個城市成功舉辦超過 500 場次，已經有數萬人受益。2018 年道石教育發起「百萬家庭　讀懂孩子」計畫，老師、學員及義工們積極推廣讀懂孩子教育智慧，在許多學校、社區舉辦演講會、工作坊，或組織讀書會、體驗沙龍，讓百萬家庭成員從讀到《讀懂孩子》開始，用系統的思維培養孩子，讓百萬孩子身心健康，讓更多的家庭活在愛與和諧當中！

展望未來，道石教育將匯集更多志同道合之士，計畫建立一所結合中西方智慧精華、適合現代人身心成長的大學，以促進個人成長、家庭幸福、事業成功與社會和諧為目標，圓滿你我共同的夢想，為人類的發展共創幸福美好的生活而努力。

台灣道石教育

TAOS道石國際系統排列學院

地址：臺北市南京東路四段186號七樓之二

Tel：02-2578-3442

官網：www.taos.com.tw 及 www.thetaos.cn

E-mail：service@taos.com.tw

QQ：1182132149

道石教育網站

# 附錄3

# 延伸閱讀


- 《讀懂孩子：掌握愛與教育的祕訣》（2018），周鼎文，心靈工坊。
- 《家族星座治療：海寧格的系統心理療法》（2001），伯特・海寧格（Bert Hellinger），張老師文化。
- 《當我們同在一起：父母、孩子、老師必讀的系統心理學》（2009），瑪莉安・法蘭克（Mariannc Frankc-Gricksch），道石 TAOS。
- 《愛的序位》（2008），伯特・海寧格（Bert Hellinger），商周。
- 《家族系統排列治療精華》（2008），史瓦吉多（Svagito），生命潛能。
- 《在愛中昇華：海寧格智慧精華》（2009），伯特・海寧格（Bert Hellinger），道石 TAOS。

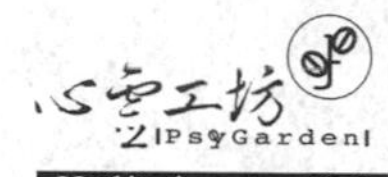


Holistic 124

# 愛與和解：華人家庭的系統排列故事（全新增訂版）

## Love and Reconciliation

作者——周鼎文

---

出版者—心靈工坊文化事業股份有限公司
發行人—王浩威　總編輯—徐嘉俊
責任編輯—林妘嘉
封面設計—黃昭文　內頁設計排版—董子琛
通訊地址—106台北市信義路四段53巷8號2樓
郵政劃撥—19546215　戶名—心靈工坊文化事業股份有限公司
電話—02) 2702-9186　傳真—02) 2702-9286
E-mail—service@psygarden.com.tw　網址—www.psygarden.com.tw

製版・印刷—中茂分色製版印刷事業股份有限公司
總經銷—大和書報圖書股份有限公司
電話—02）8990-2588　傳真—02）2290-1658
通訊地址—248新北市五股工業區五工五路二號
初版一刷—2018年5月　初版十一刷—2024年3月
ISBN—978-986-357-119-3　定價—350元

---



國家圖書館出版品預行編目資料

愛與和解：華人家庭的系統排列故事（全新增訂版）/ 周鼎文著
-- 二版. -- 臺北市：心靈工坊文化, 2018.05
面；公分.--（Holistic，124）

ISBN 978-986-357-119-3(平裝)

1.家族治療 2.家庭關係

178.8　　107005963

心靈工坊 PsyGarden 書香家族 讀友卡

感謝您購買心靈工坊的叢書，爲了加強對您的服務，請您詳塡本卡，
直接投入郵筒（免貼郵票）或傳眞，我們會珍視您的意見，
並提供您最新的活動訊息，共同以書會友，追求身心靈的創意與成長。

書系編號－Holistic 124　書名－愛與和解：華人家庭的系統排列故事（全新增訂版）

姓名　　　　是否已加入書香家族？ □是 □現在加入

電話（公司）　　　（住家）　　　手機

E-mail　　　生日　年　月　日

地址 □□□

服務機構／就讀學校　　　職稱

您的性別—□1.女 □2.男 □3.其他

婚姻狀況—□1.未婚 □2.已婚 □3.離婚 □4.不婚 □5.同志 □6.喪偶 □7.分居

請問您如何得知這本書？

□1.書店 □2.報章雜誌 □3.廣播電視 □4.親友推介 □5.心靈工坊書訊
□6.廣告DM □7.心靈工坊網站 □8.其他網路媒體 □9.其他

您購買本書的方式？

□1.書店 □2.劃撥郵購 □3.團體訂購 □4.網路訂購 □5.其他

您對本書的意見？

| | | | | |
|---|---|---|---|---|
| 封面設計 | □ 1.須再改進 | □ 2.尚可 | □ 3.滿意 | □ 4.非常滿意 |
| 版面編排 | □ 1.須再改進 | □ 2.尚可 | □ 3.滿意 | □ 4.非常滿意 |
| 內容 | □ 1.須再改進 | □ 2.尚可 | □ 3.滿意 | □ 4.非常滿意 |
| 文筆／翻譯 | □ 1.須再改進 | □ 2.尚可 | □ 3.滿意 | □ 4.非常滿意 |
| 價格 | □ 1.須再改進 | □ 2.尚可 | □ 3.滿意 | □ 4.非常滿意 |

您對我們有何建議？

本人同意　　　　（請簽名）提供(真實姓名／E-mail／地址/電話等資料)，以作為心靈工坊（聯絡／寄貨/加入會員／行銷／會員折扣等）之用，詳細內容請參閱 http://shop.psygarden.com.tw/member_register.asp。

廣 告 回 信
台北郵局登記證
台北廣字第1143號
免 貼 郵 票

台北市106 信義路四段53巷8號2樓

讀者服務組 收

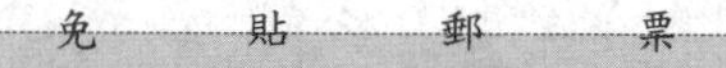

免 貼 郵 票

(對折線)

## 加入心靈工坊書香家族會員
## 共享知識的盛宴，成長的喜悅

請寄回這張回函卡（免貼郵票），
您就成為心靈工坊的書香家族會員，您將可以——

⊙隨時收到新書出版和活動訊息

⊙獲得各項回饋和優惠方案